Mon chien
n'en fait qu'à sa tête !

Mon chien
n'en fait qu'à sa tête !

Tous les conseils pour le (ré)éduquer

ANTONIO RUIZ

rustica éditions

Dépôt légal : janvier 2011
ISBN : 978-2-8153-0084-1

www.rustica.fr
www.fleuruseditions.com

Sommaire

CHAPITRE 1

Bien connaître le chien

Du chiot à l'adulte : les grandes étapes

On peut considérer que le comportement du chien peut être influencé par le choix des géniteurs : un chien peureux ou agressif devrait donc être écarté de la reproduction même s'il est particulièrement beau. Car si l'éducation permet le plus souvent de dissimuler le problème, celui-ci reste « enfoui » et ne manquera pas de resurgir à l'occasion d'une saillie.

Dans le ventre de la mère (période anténatale)

Peu de gens soupçonnent à quel point le futur chiot est déjà sensible au monde qui l'entoure. Cela semble pourtant logique : si vous cajolez une mère gestante, vous aurez plus de chances d'avoir des chiots sereins ; à l'inverse, si vous stressez la mère, vous courez le risque d'avoir des petits « mal dans leurs poils ».

La naissance

La naissance intervient au bout d'environ 2 mois de gestation. La chienne peut normalement s'occuper seule de sa portée. Cependant, une personne au moins assiste généralement à l'arrivée des petits, que ce soit par obligation – certaines races ont été sélectionnées sur des critères si peu naturels que les mises bas naturelles sont devenues impossibles –, par prudence – pour sauver un maximum de petits ou simplement pour le bien de la mère – ou par plaisir.

Le saviez-vous ?

Lorsqu'ils ont des portées de chiots, certains propriétaires de chiens truffiers enduisent les mamelles de la mère de jus de truffe afin de faire connaître et de laisser un bon souvenir au petit. Ce qui facilitera son envie de rechercher les truffes plus tard !

La période néonatale

La période néonatale désigne les 15 premiers jours de la vie du chiot se déroulant avant l'ouverture des paupières. En effet, ceux-ci ne naissent qu'avec trois des cinq sens fonctionnels :

– Ils possèdent le sens du toucher : ils trouvent ainsi le ventre de leur mère qui se tient généralement couchée sur le flanc et profitent de sa chaleur et de sa protection.

– Ils ont le sens du goût en action, ce qui leur permet de téter et d'apprécier le lait maternel et déjà de distinguer l'amer et le sucré, par exemple.

Le chiot est friand de contacts. Ici au sein de la fratrie.

– Lorsqu'ils naissent, les chiots sentent l'odeur de leur mère et celles qui les entourent. Leur odorat est donc immédiatement fonctionnel.

Munis de ces seuls trois sens et incapables de se tenir debout, les chiots ont une activité assez réduite : téter, ramper un peu, dormir et être léchés par leur mère (ce qui leur permet d'éliminer urine et selles).

La période de transition

Après 10 à 15 jours (durée variable en fonction des races et de chaque animal), les chiots abordent la courte période de transition, caractérisée par l'ouverture des paupières puis la mise en fonction du système auditif. Leur développement locomoteur étant également achevé, ils commencent alors à explorer de plus en plus l'univers situé autour du « nid ».

C'est aussi à ce moment que le chiot parvient à reconnaître sa propre espèce et à identifier les autres. Mieux vaut alors que l'homme en fasse partie si l'on veut ensuite que le futur chien soit capable d'évoluer au milieu de notre société.

La période de socialisation

Cette phase de développement s'étend de la 3e à la 12e semaine. Nous avons précédemment vu que les chiots s'attachent rapidement à leur mère. Celle-ci met progressivement fin à cet attachement à partir de l'âge de 4 semaines en refusant de se laisser téter (notamment parce que les petites dents lui font mal lors des tétées), voire en repoussant plus fermement les petits (grognements, pincements...). C'est également à ce moment que se produit « l'attachement secondaire » au reste de la fratrie et aux chiens adultes, voire aux humains : les chiots interagissent entre eux et avec des adultes si l'occasion leur en est offerte.

Les bons éleveurs font le maximum pour stimuler les chiots et les accoutumer ainsi à leur futur environnement : contacts avec des personnes différentes (hommes, femmes, enfants), contacts avec d'autres espèces (autres races de chiens, chats, NAC...), découverte de la voiture et de sons spéciaux (télévision, musique, aspirateur, perceuse...).

La période de socialisation se termine de façon artificielle avec le départ du chiot de son lieu de vie et de sa fratrie : il part alors vivre dans une famille humaine. Le maître doit alors faire attention à ne pas tomber dans le piège de l'hyperattachement : comme la mère, vous devez imposer au chiot une certaine distance. La raison est simple : quelle que soit votre activité, vous ne pourrez pas emmener votre chien partout avec vous, il doit donc accepter de vivre à vos côtés et non comme votre ombre.

La peur

Contrairement à ce que disent certains, la peur n'apparaît pas de façon spontanée à l'âge de 8 semaines. Nous avons vu qu'il était possible de stresser un chiot en malmenant sa mère lorsqu'il est encore dans son ventre : c'est bien la preuve que le chiot est sensible dès sa conception. La 8e semaine est certes un cap, mais il faut savoir que le chien oscillera toute sa vie entre deux comportements : l'exploration et la peur. Lorsque le premier l'emporte, le chien découvre son environnement ; dans le second cas, il s'abstient. Grâce à l'éducation canine, on peut lui faire surmonter ses peurs (voir pp. 82-83).

Et après ? cela ne s'arrête jamais...

Toute sa vie durant, le chien sera confronté à des expériences nouvelles, à des stimulations différentes et, à chaque fois, il en tirera des enseignements. Il recherchera les situations qui lui ont été bénéfiques et évitera celles qu'il a jugées désagréables. Mais il est important d'avoir conscience que le chien, comme l'homme, reste ouvert à des changements durant toute sa vie, qu'ils soient positifs ou négatifs.

Dans tous les cas, notamment en cas de désagrément, sachez qu'il y a toujours une possibilité de retour en arrière. N'écoutez pas ceux qui vous disent « Il a 3 ans, c'est trop tard... », « Il a 5 mois, il n'y a plus rien à espérer... », cherchez un professionnel compétent qui vous aidera à résoudre le problème.

Les sens, des outils **pour communiquer**

Comme nous, le chien possède cinq sens, mais il les utilise différemment pour communiquer. Connaître séparément les différents éléments qui composent son langage aide à les associer dans un second temps. Pour le comprendre, vous devez donc prendre en compte l'ensemble de ces éléments, ainsi que l'attitude du chien, son stress ou au contraire son assurance.

L'odorat

Pour nous qui utilisons si peu ce sens, il nous est difficile d'imaginer qu'il est essentiel pour le chien, au point que sa perte, nommée anosmie si elle est totale, peut le conduire à la mort. Mais cette mésaventure est heureusement rarissime. Pour comprendre à quel point l'odorat est important pour le chien, faisons la comparaison avec un sens qui nous est précieux : la vue. En effet, on sait combien il est handicapant d'être malvoyant ou non-voyant.

Le chien reconnaît le monde qui l'entoure grâce aux odeurs. Il possède des facultés de discernement qui dépassent n'importe quel système mis au point par l'homme et il est en plus capable de stocker ces informations afin de les réutiliser plus tard à bon escient. Son odorat est si développé qu'il peut faire la différence entre deux jumeaux rien qu'en les sentant !

Vous pouvez utiliser ce sens durant l'éducation de votre chien à travers des friandises très odorantes et en le faisant chercher quelqu'un ou quelque chose (jeux de cache-cache ou pistage).

L'ouïe

Votre chien est capable de percevoir les ultrasons mais également les infrasons. Voici un exemple pour vous donner un ordre de grandeur : lorsque vous prononcez d'une voix normale le nom de votre chien dans un environnement calme, il peut l'entendre à 300 mètres ! Il est donc inutile de crier « Assis ! » ou « Couché ! » quand votre chien est à 1 mètre de vous et que vous lui avez déjà demandé trois fois la même chose : soit il est sourd – mais c'est rare et, dans ce cas, crier ne sert à rien –, soit il fait la sourde oreille et, au lieu de crier, agissez si la répétition n'est pas efficace.

Apprenez à votre chien à faire attention en murmurant vos ordres. Cette façon de faire vous permet de garder du volume en réserve en cas de besoin. Cependant, vous devez également habituer votre chien à répondre à des ordres donnés d'une voix forte. S'il s'agit d'ordres d'urgence, tels que « Stop ! » ou « Non ! » (voir pp. 51-53 et 68-69), vous ne les prononcerez sûrement pas d'une voix calme en cas de panique !

La vie et l'éducation d'un chien sourd sont plus compliquées que celles d'un chien entendant, mais elles restent parfaitement vivables.

La vue

La composition des yeux du chien est celle d'un prédateur qui a besoin de voir des proies en mouvement, même petites et même à grande distance. En revanche, il n'a pas une très bonne vision des détails.

La difficulté de communication entre deux êtres vivants

Vous avez un message à faire passer à votre chien ? Voici comment la plupart des gens imaginent que cela se passe : vous donnez l'ordre, le chien le reçoit et s'exécute.

Mais voici les différents paramètres qui entrent en ligne de compte en termes d'interprétation et de perception et qui peuvent se contredire, brouillant par là même le message ; il y a :

- ce que vous pensez, ce que vous voulez dire ;
- la façon dont vous l'interprétez ;
- ce que vous dites ;
- ce que vous montrez en même temps ;
- les perturbations que subit votre message ;
- ce que le récepteur écoute ;
- ce que le récepteur entend ;
- ce qu'il a envie d'entendre ;
- comment il l'interprète ;
- ce qu'il comprend ;
- ce qu'il enregistre ;
- ce qu'il retiendra finalement ;
- comment il s'en resservira ou le restituera.

Nous utilisons beaucoup de gestes et de postures pour communiquer avec les chiens, la plupart du temps sans en avoir conscience. Il serait d'ailleurs dommage de s'en priver puisque, pour le chien, nos signes sont beaucoup plus faciles à déchiffrer que nos paroles. Malgré tout, il peut être intéressant de donner des ordres ou simplement de communiquer avec un chien par la seule parole, car vous rencontrerez de nombreuses situations où vous ne pourrez pas utiliser les mouvements pour vous exprimer (chien hors de vue, bras dans le plâtre, promenade après la nuit tombée…).

Le chien passe le plus clair de son temps d'éveil à nous observer, ce qui explique pourquoi il nous connaît si bien et peut souvent anticiper nos actions.

Le chien voit mieux que nous au crépuscule et il perçoit des teintes pastel, et non en noir et blanc comme on peut le lire parfois. Enfin, il semble avoir un déficit visuel dans les tons de rouge.

Quant aux chiens aveugles (de naissance, par maladie ou accident), ils s'adaptent fort bien et peuvent avoir une vie quasi normale pour peu que l'on prenne quelques précautions et qu'on évite de changer les meubles de place.

Le toucher

Les chiens passent beaucoup de temps en contacts divers et variés, c'est la raison pour laquelle ils préféreront jouer dans vos jambes alors

➲ Le contact avec le (jeune) maître remplace celui de sa fratrie initiale.

La nature du « jouet » proposé peut plus ou moins plaire au chien.

même qu'ils ont de la place sur la grande pelouse derrière vous !

L'utilisation la plus commune que nous faisons du toucher est les caresses, loin devant, du moins faut-il l'espérer, les corrections, qui ne doivent être qu'exceptionnelles (voir p. 25).

Faites attention à caresser votre chien au bon endroit, faute de le voir répondre par un comportement non souhaité. Par exemple, si vous demandez à votre chien de s'asseoir et que vous le caressez sur la tête une fois qu'il s'est exécuté, il est fort probable qu'il va se coucher plus ou moins rapidement sous la pression de la main. Vous n'aurez pas ce problème si vous le caressez au niveau du poitrail.

Sachez enfin, et cela afin d'éviter de les couper, que les poils de ses moustaches sont particulièrement sensibles et utiles à son quotidien.

Le goût

Les nutritionnistes et autres spécialistes de l'alimentation animale cherchent à comprendre comment fonctionne le goût chez le chien, essentiellement pour trouver la meilleure recette de croquettes, celle qui plaira à tous les chiens. Pourtant, les scientifiques savent bien que l'odeur gardera toujours sa prééminence en la matière.

Si vous utilisez des friandises pour faire travailler votre chien, gardez toujours à l'esprit que leur taille importe peu et toujours moins que leur odeur. Cependant, plus elles seront petites, plus vous pourrez en donner. Dans ce cas, n'ayez pas peur de réduire la ration normale journalière pour que votre chien ne devienne pas obèse.

Comment le chien **apprend-il ?**

Il est essentiel de connaître la manière dont le chien comprend et apprend pour pouvoir lui transmettre l'information avec un maximum d'efficacité. Car pour réussir la rééducation de votre chien, la qualité de votre communication est essentielle.

Le débat sur les parts d'inné et d'acquis

Les spécialistes ne sont pas d'accord sur ce sujet. Il faut reconnaître qu'il n'est pas aisé de déterminer ce qui relève de l'inné (présent chez le chien dès sa naissance) et de l'acquis (appris durant la vie de l'animal).

Ce qui est sûr c'est qu'en fonction de sa race, de ses origines (lignée) et de ses parents, chaque chien commence sa vie avec un bagage différent, et cette différence ne fera que s'accentuer avec les acquisitions de l'animal tout au long de sa vie.

L'apprentissage par association

L'association entre un élément et sa conséquence est importante pour le chien. Nous savons avec certitude que c'est de cette façon que les chiens apprennent. Ils associent un « mot » (voir pp. 16 et 73) avec une action, par exemple « Assis ! » avec le fait de poser leur arrière-train au sol. Si cette action a pour conséquence une récompense, le chien reproduira sans souci cet acte. Il le reproduira même plus souvent et plus rapidement au fil du temps. Mais il faut faire attention aux associations non désirées : dans le cas de l'exemple précédent, le chien peut également associer « Assis ! » à la personne qui donne l'ordre, à un geste qu'elle fait sans s'en rendre compte, au lieu où la demande est faite (salon, terrain d'entraînement…) ou encore à sa tenue (type et couleur du vêtement…).

Dans le travail avec le chien, il est donc essentiel de généraliser, c'est-à-dire de reproduire sa demande en obtenant la réponse correcte dans des lieux différents, à des heures et dans des situations diverses.

L'apprentissage par imitation

Le chien possède un formidable potentiel d'observation dont il ne se prive pas. Il apprend ainsi à décoder nos envies et nos demandes souvent avant même que nous ne les ayons formulées. Il est capable de ressentir

CHAPITRE 2

Éduquer un chien

Les principes de l'éducation

Le simple fait d'apporter confort matériel et amour à son chien n'exclut pas de lui donner des limites et une éducation « de base » qui l'aideront à se sentir bien mais aussi à se comporter correctement en société. Les règles de base qui suivent sont là pour vous aider à agir avec méthode. Il s'agit bien entendu de méthodes positives, puisque nous savons aujourd'hui qu'elles donnent d'aussi bons résultats que les méthodes traditionnelles, tout en respectant davantage le chien.

Méthodes positives ou méthodes traditionnelles ?

• Les méthodes traditionnelles ou classiques

Elles sont basées sur la contrainte imposée par le maître à travers une laisse et toute une panoplie de colliers (étrangleurs, à pointes, électriques…). Les stimulations utilisées, comme le fameux « coup de sonnette » (mouvement brusque sur la laisse censé faire comprendre au chien qu'il a mal agi), sont plutôt inefficaces et surtout peuvent être avantageusement remplacées par d'autres stimulations bien plus sympathiques pour le chien. Pourquoi agir de façon brutale quand on peut obtenir exactement le même résultat en douceur ?

Avec l'apparition de nouvelles disciplines canines, comme l'obéissance rythmée, on se rend compte qu'il est même impossible d'obtenir certaines choses de son chien sans son accord.

• Les méthodes positives

Ce sont, par exemple, le « leurre-récompense », le « clicker » ou encore la méthode « naturelle ». Ces méthodes nous viennent toutes d'outre-Atlantique, et plusieurs d'entre elles sont l'œuvre de Ian Dunbar, vétérinaire-éducateur anglais qui travaille aux États-Unis et dont l'apport au monde de l'éducation canine moderne est primordial.

Ces méthodes ont pour caractéristique de mieux respecter l'intégrité physique et morale du chien :
– on ne contraint plus le chien avec une laisse ou un collier étrangleur ;
– plutôt que le contraindre, on tente de lui donner envie de participer.

Ces méthodes sont plus agréables pour ceux qui les utilisent et ceux qui les « subissent » (les chiens). En outre, elles permettent à des enfants ou des personnes âgées d'obtenir des résultats, car elles ne nécessitent pas l'usage de la force. Enfin, elles ont depuis longtemps fait leurs preuves dans diverses disciplines sportives canines et, à voir travailler les chiens de cette façon, on ne peut qu'être convaincu qu'il s'agit des bonnes méthodes à utiliser en matière d'éducation canine.

Attention aux gestes et postures

Le chien possède des moyens de communication développés, mais avec des limites et un système de fonctionnement différents des nôtres (voir pp. 11-14). En effet, nous communiquons essentiellement par la parole tandis que le chien utilise plutôt son flair. Chez l'homme comme chez le chien, la vue intervient en second, mais nous ne voyons pas les choses de la même façon (voir pp. 12 et 14). C'est déjà le cas entre humains : vous pouvez le vérifier très simplement en faisant observer une photo représentant une scène plus ou moins riche en détails à plusieurs personnes. Demandez ensuite aux participants de vous décrire la scène et vous verrez que chacun y voit et y remarque des détails différents.

Nous n'utilisons quasiment pas notre odorat pour communiquer avec les chiens ; voyons donc comment utiliser au mieux ce qui nous est le plus naturel pour nous exprimer, à savoir la parole. Le langage est composé d'éléments verbaux (les mots et leur sens), paraverbaux (rythme d'expression, ton de la voix, puissance…) et enfin non verbaux (posture du corps, mimiques du visage, gestes, placement…).

Prenons un exemple : lorsque vous prononcez la phrase « Rex, viens au pied, c'est bien le chien, viens, voilà c'est ça, bon chien ! », qu'êtes-vous en train de faire ? Allez-vous vers votre chien ? Si oui, y allez-vous lentement ou bien rapidement ? Restez-vous sur place ? Partez-vous dans le sens contraire ? Sur quel ton avez-vous prononcé cette phrase : une voix forte, douce, joyeuse, autoritaire ou énervée ? Qu'avez-vous dans la main : rien, une laisse, une friandise, un jouet, un bâton… ?

Qu'a réellement compris votre chien ? Son nom (sûrement), l'ordre (s'il le connaît) et si la suite de votre

Trois ordres en un ! La voix, le corps penché et la main vers le sol.

Du flair

Le flair du chien est un outil prodigieux qui, en ce XXIe siècle et malgré l'étendue de nos connaissances, nous laisse encore dubitatif. Sans doute parce que chez l'homme le sens de l'odorat a perdu au fil du temps de son importance. Il est pourtant bien présent en nous : il suffit de rencontrer et de voir travailler «un nez» en parfumerie pour s'en convaincre. Mais nous n'avons plus beaucoup l'occasion d'utiliser ce sens. Au contraire, et malgré des millénaires passés à nos côtés, le chien continue d'évoluer dans un monde d'odeurs. Les scientifiques ne parviennent pas à un consensus quant au nombre de fois où le nez du chien serait supérieur au nôtre : de 1 000 fois à 100 000 fois... Tous les chiffres circulent, ce qui est sûr c'est que le chien a un nez efficace et qu'il sait l'utiliser. Les chiens de décombre, de pistage ou de recherche en avalanche le prouvent chaque jour en sauvant des vies bien mieux que ne le ferait une machine mise au point par l'homme.

Aussi étonnant que cela puisse paraître, les spécialistes estiment que, lors d'une conversation entre humains, le langage verbal représente 7 %, le paraverbal 38 % et le langage non verbal 55 %*. Sachant que le chien ne peut pas conceptualiser les mots mais qu'il est un champion dans le domaine de l'observation, nous comprenons maintenant mieux pourquoi il est primordial de faire très attention à nos gestes et postures quand nous nous adressons à eux.

* Journées de formation sur les Neurosciences Comportementales et Cognitives, 17-18/11/2008, École Nationale Vétérinaire d'Alfort.

phrase a été prononcée d'une voix agréable, il a compris que vous aviez envie qu'il vienne. En résumé, il a saisi l'essentiel de votre demande. Cependant, si, dans le même temps, vous avez couru vers lui, il va comprendre que vous lui dites « Sauve-toi, je suis en colère ! » ou « Je veux jouer ! ». Si vous teniez une laisse à la main, il va comprendre « Attention, je vais t'attacher dès que je t'aurai attrapé ! » et, pour peu que votre voix n'ait pas été si douce que cela, il va traduire votre phrase par : « Je suis en colère, excédé... », comme si vous le menaciez.

Conclusion : vous pensiez avoir tout dit et de manière claire avec des mots, mais votre langage paraverbal et non verbal a parasité la clarté de votre message. Ainsi, vous pensez que votre chien n'obéit pas alors qu'il a parfaitement décodé la situation : dans ces circonstances, il a certainement bien fait de ne pas venir à votre rencontre !

Utiliser tous les tons de voix

Votre chien doit être capable de réagir à un ordre donné presque en chuchotant, normalement mais aussi brutalement.

Pour une question de confort et d'efficacité, privilégiez le mode le plus proche possible du « murmure » parce qu'il est discret, reposant et surtout amplement suffisant.

Plus fréquemment vous lui parlerez d'une voix normale : si vous prononcez normalement le nom de votre chien dans un environnement moyennement bruyant, sachez qu'il est capable de vous entendre à près de 300 mètres ! Il est donc inutile de hurler sur votre chien lorsqu'il se trouve à moins de 2 mètres de vous.

Mais vous devrez l'accoutumer à recevoir certains ordres d'une voix forte, voire tonitruante. En effet, en cas de danger, les ordres d'urgence sont plus souvent criés ou hurlés que prononcés d'une voix calme et détendue. Par exemple, si votre chien court après une balle et qu'il se dirige droit vers la route sur laquelle passent de nombreux véhicules roulant à vive allure, vous allez instinctivement crier sous l'emprise de la peur. Or si votre chien ne vous a jamais entendu crier un tel « Stop ! », sa réaction risque de ne pas être celle que vous attendez. Il y a de gros risques pour qu'il n'en tienne aucun compte ou qu'il s'enfuie encore plus loin, apeuré par votre ordre plein de colère à ses oreilles, vous qui d'habitude avez une voix si douce.

Conclusion : votre chien doit être capable de « tout » entendre et sur tous les tons. N'oubliez pas qu'en plus de ce que vous dites, il y a la manière dont vous le dites ainsi que ce que vous faites dans le même temps. Être au diapason avec soi-même est plus facile à imaginer qu'à réaliser surtout lorsque l'on s'adresse à un champion toute catégorie du décryptage corporel. Alors gare à votre posture (buste, port de tête…), vos mimiques (sourire, sourcils…), vos bras et vos déplacements. Par exemple, 99 % des gens se dirigent vers leur chien en prononçant l'ordre de rappel ! Incroyable mais vrai et surtout antinomique !

Être cohérent

C'est à mon avis un des éléments essentiels si vous souhaitez obtenir une bonne écoute de la part de votre chien. Encore faut-il s'entendre sur la signification du mot « cohérence ». Trop souvent les gens en ont une vision figée dans une situation donnée : « Je dois toujours demander la même chose. » Par exemple : si votre chien ne doit pas monter sur le canapé, vous le traduisez par « Mon chien ne doit jamais monter sur le canapé. » Vous pensez que changer d'avis perturberait votre animal et, dans

Commencer face au chien est plus facile : il vous voit !

les pires hypothèses, cela le rendrait carrément anxieux. Or vous avez parfaitement le droit de changer d'avis d'un jour sur l'autre, voire d'une heure sur l'autre sans que cela ne perturbe le moins du monde votre compagnon, tout cela en restant parfaitement cohérent. La cohérence se trouve dans le fait que, quel que soit l'ordre donné, vous obtenez toujours l'exécution du chien : si les jours où vous avez autorisé votre chien à monter sur le canapé il l'a fait et que les jours où vous le lui avez interdit il a respecté vos ordres il n'y a aucun souci.

En revanche, ce qui le perturberait au plus haut point – et malheureusement on le voit beaucoup trop souvent –, ce serait par exemple d'appeler votre chien d'une voix mielleuse et d'un air engageant pour le gronder dès qu'il serait près de vous. Ici, le risque de rendre votre chien méfiant, anxieux, voire agressif, est très grand pour peu que vous répétiez souvent ce type d'action.

Conclusion : vous devez être cohérent, ce qui signifie simplement que vous devez obtenir à chaque fois ce que vous avez commandé.

Les caractéristiques de la punition

La punition doit être rarissime et toujours intervenir à bon escient. Le chien vit au présent et ne peut être puni que sur le fait : si vous le prenez en flagrant délit, 30 secondes plus tard, il est donc trop tard pour le sanctionner.
La punition doit bien évidemment être adaptée à la faute : par exemple, un isolement de 5 minutes suffit amplement pour un chiot qui mordille les mains sans contrôler sa force.
Et la sanction doit être brève, surtout lorsqu'elle est physique ; dans ce cas, elle doit même cesser dès que le chien se soumet, en général dans les secondes qui suivent le début de la correction.

Des récompenses et quelques punitions

• Les récompenses

Qu'est-ce qu'une récompense ? Il s'agit d'une chose donnée au bon moment, proportionnelle au travail fourni et qui encourage le chien à intensifier un comportement donné et à le reproduire plus souvent par la suite. Ainsi, si vous récompensez efficacement un chien au rappel, il répondra de plus en plus joyeusement et rapidement au rappel suivant. La récompense permet de féliciter le chien, mais elle peut, dans le même temps, le perturber. Elle doit donc être prodiguée de façon progressive. Voici les différents types de récompenses :

– **Les friandises** constituent une excellente récompense. La seule difficulté est de savoir en sortir. Il n'y a aucun risque de prise de poids si la ration journalière est diminuée en proportion.

– **Les jeux** peuvent compléter les récompenses alimentaires. Ils ont l'avantage de favoriser la relation avec le maître et de créer un objet de motivation. L'inconvénient majeur est que les jeux ont tendance à exciter le chien, car leur utilisation est moins instantanée : à la différence d'une croquette, le chien ne peut pas l'avaler et reprendre le travail instantanément. En revanche, jouer avec des congénères est sans doute l'une des récompenses préférées du chien.

– **Les caresses** sont agréables pour lui et pour vous, mais faites cependant attention à l'endroit où vous les pratiquez, car elles peuvent varier en fonction de chaque exercice (voir pp. 14 et 26-27).

– **La voix** a l'énorme avantage de permettre le travail à distance. Le ton de votre voix doit être agréable pour ne pas effrayer votre chien.

– **La promenade** est sans doute la récompense la moins facile à mettre en œuvre pour le maître, mais elle reste la préférée des chiens, parce qu'ils sont avec leur maître et parce qu'ils découvrent de nouveaux endroits, de nouvelles odeurs, de nouveaux compagnons de jeu... Attention : les chiens peureux ou angoissés n'apprécient pas forcément de sortir : ils en ont donc doublement besoin ! Dans un premier temps, ils vont se sociabiliser, puis petit à petit ils apprendront à prendre plaisir à ces sorties.

– **La libération** n'est pas une récompense à proprement parler, mais plutôt un état d'esprit. Il faut être capable de ne pas avoir son chien en permanence aux ordres. Il y a un temps pour le travail – c'est le moment où le maître demande quelque chose, et non une période uniquement consacrée au travail – et un temps pour le reste.

• Les punitions

Le chien doit savoir qu'en cas de fautes (graves) il peut être sanctionné. Lui laisser croire le contraire reviendrait à lui faire croire que nous vivons dans un cocon, un monde sans aucune mauvaise expérience. Bien évidemment, la punition physique devra être exceptionnelle, ce qui lui gardera toute son efficacité et évitera de confondre éducation et mauvais traitements. Si vous devez reprendre votre chien, vous avez plusieurs autres possibilités, dont l'utilisation de la voix. Vous pouvez utiliser des mots comme « Non ! » ou « Stop ! », sans forcément crier mais en y mettant toute la conviction et la fermeté nécessaires.

Socialiser et sociabiliser

Puisque nous demandons à nos chiens de vivre parmi nous, nous devons leur donner les codes qui leur permettent de comprendre notre mode de fonctionnement et de trouver leur place dans notre monde, c'est ce que l'on appelle socialiser le chien.
La sociabilité concerne plus directement les individus : votre chien doit dans la mesure du possible aimer ou tout du moins accepter un maximum de gens et de congénères. Cette qualité fait partie de son bagage génétique, mais sans un « entretien » dès son plus jeune âge puis tout au long de sa vie, elle se perd assez vite. Heureusement, le chien est un animal naturellement sociable et il peut retrouver ce goût du contact même après une longue période d'isolement ou après une mauvaise expérience. Pour rendre un chien sociable, l'aide d'un éducateur canin professionnel est souvent un facteur déterminant.

Développer sa sociabilité

Pour la tranquillité de tous, il est préférable de socialiser au maximum votre chien, mais sachez qu'il n'est pas censé aimer la terre entière avec tous les individus qu'elle abrite ! Pour socialiser et sociabiliser son chien, il faut lui présenter un maximum de bonnes stimulations, mais n'oubliez pas que la qualité des stimulations compte autant que leur quantité. Prenons l'exemple d'un chien qui connaît et apprécie les enfants. Placez-le au milieu d'une cour d'école et « lâchez » sur lui, sans aucune consigne ou recommandation, cinq ou six classes de jeunes enfants. Pour être stimulé, c'est sûr, il va l'être, mais il ne sortira pas de cette expérience dans d'aussi bonnes dispositions vis-à-vis des enfants que lorsqu'il y était entré.

Caresse = confiance + plaisir.

Manipuler son chien

Les caresses et les autres contacts sont utiles à plus d'un titre :
– Les caresses font plaisir autant au maître qu'au chien. Il a été maintes fois prouvé par des expériences scientifiques que caresser un chien fait baisser la tension artérielle de la personne qui prodigue les caresses.
– Caresser un chien permet de remarquer de petites blessures, des parasites ou bien encore une « texture » de poil inhabituelle.
– Elles permettent également de mieux récompenser le chien. En effet, on ne caresse pas aux mêmes endroits un chien qui exécute un « Assis ! », un « Couché ! » ou qui marche impeccablement à vos côtés. Ainsi, un chien qui s'assoit sur ordre se caresse au niveau du poitrail : cela renforce la position du chien droit, bien campé sur ses pattes avant. Une caresse sur la tête et l'encolure du chien renforce la position couchée alors que si, dans cette position, vous le caressez sur l'épaule, le flanc ou simplement la joue, vous

Le saviez-vous ?

Le TTouch est une méthode d'approche et de caresses apaisante pour les chiens. Mais ce n'est pas seulement une façon précise de toucher le chien, dans un but relaxant évident, c'est toute une philosophie qui cherche à respecter le chien dans son intégrité physique et mentale. Le TTouch ne s'improvise pas : il faut lire, regarder, apprendre, puis pratiquer si l'on veut progresser. Les caresses spécifiques aux noms exotiques ne sont qu'une partie du programme TTouch. La pose de bandages en est une autre. Son intérêt principal est de faire prendre conscience au chien des différentes parties de son corps, notamment les pattes et la queue.

augmentez considérablement les risques de le voir se relever ou de basculer sur le côté en décubitus latéral. Enfin, une bonne marche au pied peut être récompensée et renforcée par une caresse au niveau de la joue extérieure du chien (par rapport au conducteur).

– Les caresses sont un moyen pour apprendre au chien ou lui réapprendre non seulement à ne pas craindre mais à aimer le contact humain. Car cela n'est pas si simple, en particulier pour certaines zones comme l'encolure, la croupe, la tête, la queue, les pattes, qui sont des parties « sensibles » : une blessure qui toucherait la tête ou les pattes pourrait à terme s'avérer fatale, voilà pourquoi beaucoup de chiens sont « chatouilleux » sur ces parties de leur corps. Le manque de contact est bien sûr un autre facteur expliquant une telle sensibilité.

L'hyperattachement

Il s'agit d'un problème de comportement dont l'origine est presque toujours un attachement excessif de la part du maître. Celui-ci, croyant bien faire, emmène son chien partout avec lui, répond à chacune de ses demandes d'attention : jeux, câlins, sorties... Malheureusement le chien ne demande que cela puisque son bonheur absolu (quelques races ou individus indépendants mis à part) est d'être avec son maître. Mais on ne peut pas emmener son chien partout (restaurant, commerce alimentaire...). Le maître n'a alors plus que deux solutions : ne plus sortir de chez lui ou accepter les désagréments liés à une telle situation (chien qui aboie d'ennui ou de stress, chien qui urine de détresse...). On voit à quel point il est préférable pour le bien de tous de mettre en place une relation forte mais sans excès qui permet au chien de pouvoir rester seul si nécessaire.

Les 4 D

L'idée est de faire varier trois paramètres en ayant toujours à l'esprit qu'ils sont interdépendants. Le premier D est le Déclic et il est impératif que le chien le maîtrise avant de travailler le suivant : par exemple, Déclic signifie pour un « Assis ! » que le chien s'assoit en entendant l'ordre. Ensuite, vous allez pouvoir jouer avec les 3 D : Durée, Distance et Difficultés (ou Distraction). Reprenons l'exemple du « Assis ! » :

– **Durée :** une fois que votre chien s'assoit sur ordre, faites durer cette position pendant 5, 10, 15, 20, 30 secondes et ainsi de suite.

– **Distance :** lorsque votre chien tient parfaitement 1 minute, réduisez la durée et, pour la première fois, déplacez-vous d'un pas, puis de deux et ainsi de suite jusqu'à pouvoir vous éloigner de 20 mètres, par exemple. Dites « Assis ! » : le chien répond correctement et peut tenir la position alors que vous êtes éloigné de lui. Bravo, c'est déjà une belle réussite !

– **Difficultés ou Distractions :** il faut attirer et perturber votre élève. Vous devez donc réduire les deux autres D (Durée et Distance) au minimum (à côté du chien pendant un temps très court) et amener les difficultés de façon progressive. Et bientôt vous pourrez vous absenter loin de votre chien pour une longue période (plusieurs minutes) alors que, dans le même temps, des gens ou des chiens passeront près de lui...

Conclusion : si vous demandez quelque chose à votre chien et que celui-ci n'y arrive pas, posez-vous les questions suivantes : « Qu'ai-je pu faire de travers pour en arriver là ? Suis-je allé trop vite ? ». Rectifiez votre façon d'agir et vous verrez votre élève réussir.

Des relations équilibrées

Le chien est un animal sociable et grégaire, ce qui signifie qu'il est fait pour vivre en groupe, avec des congénères ou des humains. Un certain nombre de processus sont programmés dans sa vie : un attachement primaire à la naissance (en général vis-à-vis de la mère), puis un attachement secondaire au groupe (jeunes et adultes, ou êtres humains). Ne vous tracassez pas trop de cet aspect de la vie de votre chien : sans cet attachement, le chien ne peut pas vivre en société (voir p. 10). Notre problème est donc moins de savoir comment créer cet attachement, d'autant que nous parlons ici de chien adulte, mais de savoir comment ne pas renforcer ce lien au-delà des limites du raisonnable, ce que certains appellent l'hyperattachement. Dans ce cas, le chien peut ne plus supporter que quelqu'un vous approche, excepté lui. Il se sentira très mal lors de chacune de vos séparations et il le manifestera par des pleurs, des aboiements, des destructions, des fugues, des automutilations…

Il est essentiel de comprendre que ces manifestations ne sont que les signes du mal-être du chien et non la résultante d'une maladie qu'il faudrait soigner. La seule chose à rectifier dans ce cas est « l'intensité » de votre relation à son égard. Vous devez faire l'effort de le laisser parfois seul alors même que vous êtes présent, en le mettant dehors ou en fermant une porte de communication, par exemple. Vous devrez moins répondre à ses demandes d'attention, de jeux, de câlins. Si cela est possible, vous donnerez une partie des interactions à d'autres membres de la famille : le repas, certaines promenades, les séances de brossage ou d'obéissance… Bref, vous diminuerez vos rapports avec votre chien et lui proposerez d'autres partenaires.

C'est parfois plus délicat à faire lorsqu'on est seul avec son animal, à moins d'envisager d'en prendre un second. Vous devrez partager votre temps et votre amour ; de son côté, il aura – si le choix du compagnon est le bon – un compagnon de jeux ayant les mêmes envies et la même énergie, sans parler du temps qu'ils passeront ensemble. Faites simplement attention à les séparer de temps à autre afin de ne pas recréer un hyperattachement entre eux !

Sept ordres de base

Dans les pages qui suivent, vous trouverez décrits 7 ordres de base. Pour chaque exercice, nous passerons en revue cinq points : la gestuelle conseillée, le résultat attendu et/ou l'intérêt de l'exercice, les facilités et les difficultés, et la méthode. Vous devrez choisir un code verbal et gestuel pour chaque apprentissage. À titre d'indication, nous vous en proposerons un à chaque fois. Nous partons du principe qu'un ordre bien exécuté répond à quatre critères : le chien répond au premier commandement, il l'exécute « rapidement », il tient l'ordre, et ce malgré les perturbations éventuelles.

« Assis »

- **Ordre**

« Assis ! ».

- **Geste**

Le doigt, la main, le bras ou la tête se lève, de moins en moins haut au fil du temps, le chien captant des signaux de plus en plus discrets.

- **Résultat attendu**

Votre chien doit poser son postérieur au sol en entendant ou en voyant le code. Évidemment, on n'apprend pas au chien à s'asseoir, car il le fait depuis l'âge de 3 semaines : on lui apprend à répondre à un commandement. Et, surtout, on attend de lui qu'il reste en position jusqu'à ce qu'il ait été « libéré » par un ordre spécifique de libération ou un autre ordre (« Sammy, c'est fini ! », « Sammy, debout ! »...).

Le « assis » permet de « poser » votre chien un court instant. Comme le dit le vétérinaire-éducateur Ian Dunbar, « Imaginez tout ce que ne peut pas faire votre chien lorsqu'il est assis ! Sauter, tirer, aboyer, creuser... ». Il y a deux autres raisons de travailler la position assise : c'est le point de départ le plus simple pour travailler par la suite le « couché » (voir pp. 32-34) et cela peut devenir comme une formule de politesse. En effet, lorsque le chien veut quelque chose, il s'assoit et, par là même, demande à son maître « S'il te plaît, je peux avoir ma gamelle ? »...

- **C'est facile**

Il est assez facile d'obtenir du chien qu'il s'assoie ; en revanche, il ne tiendra pas longtemps la position et passera rapidement au « couché ». Même si cette position n'est pas naturelle pour le chien, il se prête en général de bonne grâce à cet exercice.

• Ce n'est pas si facile

Certains chiens font plus ou moins volontairement de la résistance. Et c'est parce qu'on les a mal guidés au départ dans la plupart des cas. Ils reculent ou sautent mais ne s'assoient pas aussi facilement qu'ils le pourraient. Avec la bonne méthode, cela va rentrer dans l'ordre. Finalement, ce à quoi vous devrez faire le plus attention, c'est à vous ! N'abusez pas du « assis », ne le demandez pas à votre chien à la première occasion venue. Et n'oubliez pas que le « assis » n'est pas la réponse à tous vos malheurs : si votre chien saute, vous pouvez lui apprendre « Pas sauter ! » ou « Terre ! » ; s'il aboie, « Silence ! ». Cela vous permettra de garder le « assis » pour d'autres circonstances et pour des situations plus positives que tous ces contrôles de mauvais comportement.

• Comment faire

Votre chien est en laisse, debout à côté de vous : choisissez un côté où votre chien exécutera les ordres de position et celui de la marche au pied. La laisse n'a pour fonction que de garder votre chien à vos côtés, au cas où il aurait envie d'aller se promener en plein exercice. Vous ne devez en aucun cas l'utiliser pour « l'étrangler ». Elle vous aidera, dans un second temps, à maintenir votre chien en place (voir p. 31).

1. Admettons que votre chien est sur votre gauche. Vous tenez la laisse dans la main gauche et, dans la main droite, vous avez soit une friandise, soit un jouet (= leurre). Avec ce leurre, effectuez le mouvement suivant : partant du nez, passez tranquillement entre ses yeux pour venir au-dessus de sa tête ❶.

2. La gourmandise ou l'envie de jouer aidant, votre chien suit des yeux la trajectoire du leurre et,

❶

❷

après avoir levé la tête, il baisse son postérieur et s'assoit ❷. Attention : si vous êtes trop près de sa truffe, il cherchera à attraper le leurre plutôt que de suivre son mouvement. Si vous êtes trop haut, il sautera pour essayer de l'atteindre ; si votre mouvement est trop rapide, votre chien ne verra plus le leurre qui sera déjà arrivé au-dessus de sa tête.

3. Dès qu'il s'assoit, récompensez-le, en lui donnant dans un premier temps le leurre (friandise ou jouet) ❸ : il doit rester en place pour le manger ou le mordiller.

4. Complétez cette récompense par une caresse de la main droite (dans notre exemple) sur son poitrail, ce qui l'aidera à se tenir bien assis ❸. Cette caresse permet aussi de l'empêcher de se coucher en le maintenant, voire en le « relevant ». Enfin, la dernière récompense est la voix : dites-lui « C'est bien ça, c'est assis, c'est bien ! » et, à partir de là, vous pouvez répéter « Assis ! » qui n'est plus un ordre, mais juste un rappel de la position.

5. Après quelques répétitions, votre chien s'assoira en entendant l'ordre ou en voyant votre geste. Votre travail consiste alors à ce qu'il reste en place jusqu'à sa libération. Vous disposez de deux moyens :
– Décaler la première récompense : au lieu de la donner à l'instant où le postérieur de votre chien prend contact avec le sol, attendez quelques secondes (il restera donc assis quelques secondes). Puis, après une nouvelle période de quelques secondes, une deuxième friandise peut être donnée. Votre compagnon est ainsi resté assis depuis déjà 10 secondes. En augmentant le temps entre chaque récompense et le nombre de récompenses, vous apprenez à votre chien à tenir l'ordre.
– Utiliser la laisse : elle doit être placée derrière sa tête, au niveau de l'encolure, détendue mais prête à être tendue si votre animal fait mine de se relever. Si vous êtes vigilant et assez rapide dans votre mouvement, il n'aura même pas le temps de se relever entièrement qu'il sera déjà remis en place par la laisse. Une fois assis, gardez-le en position et vous n'aurez évidemment pas besoin de répéter votre ordre !

« Fais le beau ! »

La position assise peut être le point de départ d'autres exercices, comme le « kangourou » (souvent appelé « Fais le beau ! ») : le chien se tient assis sur son postérieur, les pattes avant en l'air. Il peut battre l'air de ses pattes avant et faire le « tambour ». À partir de cette position, il peut aussi pousser sur ses pattes arrière et s'envoler : c'est le « décollage ».
Dans tous les cas, les petits chiens ont plus de facilité à réaliser cet exercice. En effet, ces positions demandent un gros effort musculaire au niveau de la colonne vertébrale, prévue pour travailler à l'horizontal. Si vous avez un chien de taille moyenne, musclez progressivement son dos. Et il est déconseillé de tenter ce mouvement avec de gros chiens.

❸

« Couché »

• Ordre

« Couché ! » ou bien « Couche ! », « Terre ! » ou « Sol ! »…

• Geste

Le doigt, la main ou le bras fait un mouvement vers le sol.

• Résultat attendu

Votre chien doit s'allonger sur le sol dans la position dite du sphinx, c'est-à-dire sur le ventre et non sur une des fesses (dans ce cas, la position se nomme « en vache » ou, plus élégamment, « couché détente »).

• C'est facile

Cela le sera d'autant plus si votre chien est de type molosse ou simplement d'un grand gabarit, car ces chiens n'aiment pas rester debout, ni même assis très longtemps. Pour vous simplifier la tâche, partez de la position assise. Vous pouvez également profiter des moments où il se couche de lui-même pour lui donner l'ordre et l'aider de la sorte à intégrer ce que vous entendez par l'ordre « Couché ! ».

• Ce n'est pas si facile

Les chiens ne se prêtent pas tous avec la même grâce à cet exercice, bon nombre rechignent même suffisamment pour que leur maître abandonne. C'est déjà une raison suffisante pour que l'on insiste et que l'on obtienne l'exécution de l'ordre. Même si un peu d'autorité ne nuit pas à l'obtention d'un « couché », il est inutile de hurler sur votre chien pour vous faire obéir. Cherchez l'origine de ce refus : il ne connaît peut-être pas encore le sens

Une fois acquis le « couché », on peut introduire une difficulté supplémentaire : la distance.

de votre demande, il croit peut-être avoir mieux à faire à cet instant, quelque chose le chagrine peut-être (un sol mouillé…) ou peut être n'avez-vous pas été clair dans votre demande ? En cas de refus d'obtempérer de sa part, posez-vous la question suivante : pourquoi n'obéit-il pas ? Dans le pire des cas, quand la raison du refus n'est pas acceptable, montrez-vous simplement plus ferme, plus convaincant mais jamais agacé : se mettre en colère n'est jamais la bonne solution.

❶

Comment faire

1. Pour vous simplifier la tâche, partez de la position assise : le chien à vos côtés, maintenez-le en position, entre autres grâce à la main côté chien qui tient la laisse dans le dos de celui-ci, voire sur sa croupe pour les plus remuants ❶.

2. De l'autre main, dans laquelle vous avez une friandise ou un jouet (= leurre), effectuez le mouvement suivant : un L inversé partant du nez et descendant le long de son poitrail pour arriver entre ses pattes avant puis remontant le long du sol ❶.

3. Si vous n'allez pas trop vite, la tête de votre chien suit le leurre et il s'allonge à vos côtés. S'il tente de se relever, votre autre main l'en empêche ❷.

❷

4. S'il refuse de suivre le leurre jusqu'au bout de sa course, décomposez l'exercice : demandez-lui de baisser la tête et récompensez-le pour ce premier pas ; ensuite, demandez-lui d'aller un peu plus bas, puis de bouger une première patte et ainsi de suite jusqu'à exécution complète du mouvement. Il faut parfois de la patience pour que l'ordre soit finalement exécuté seul par le chien, mais le jeu en vaut largement la chandelle, soyez persévérant.

5. La caresse, pour cet exercice, s'exerce sur la tête et l'encolure du chien, ce qui renforce encore la position couchée.

6. Comme toujours, le plus délicat n'est pas de faire coucher le chien, mais qu'il reste dans la position demandée aussi longtemps que nécessaire, et ce malgré les

« Kaput ! » et « T'es mort ! »

En entendant cet ordre, votre chien doit tomber sur le flanc et rester immobile comme s'il était mort. Avec de la patience, il n'est pas très difficile d'obtenir ce résultat, le plus difficile est de pouvoir bouger autour de lui sans qu'il réagisse. L'effet est garanti sur l'assistance, mais apprenez à votre chien à ne pas ressusciter au bruit des applaudissements !
Cette position est intermédiaire entre celle du couché et celle de la « roulette » – position dans laquelle le chien est sur le dos, voire effectue un tour complet.
Pour amener le chien dans l'une ou l'autre de ces positions, partez de la position couchée et, à l'aide d'un leurre, faites tourner lentement sa tête autour de l'encolure. Votre chien va suivre, basculer et va soit tourner seul, soit vous devrez l'aider en faisant basculer ses pattes. Attention à la nature du sol : évitez le béton et le carrelage. Et, bien sûr, soyez vigilant quant aux possibilités physiques de votre chien à accomplir des mouvements qui font travailler tout son corps et particulièrement sa colonne vertébrale.
Une fois bien assimilé, vous pourrez également commander des « Couché ! » à distance, à partir du « assis » (le contraire demande plus de travail). Là encore, l'effet sur le public est garanti !

Le « tombé »

À partir du « couché », vous pouvez apprendre à votre chien le « tombé » sur une de ses fesses, dans la position dite « détente » ou « en vache » : une fois votre chien couché, maintenez-le dans cette position avec le pied sur la laisse et, de la main côté chien, jouez avec sa croupe : poussez-la gentiment, tirez-la doucement, vous finirez ainsi par le déséquilibrer et il posera une fesse au sol. Dites à ce moment « Couché en vache ! » ou « Couché détente ! ». Cette position, plus confortable pour lui, lui permet de rester plus longtemps sur place. Sachez simplement qu'elle n'est pas acceptée dans plusieurs disciplines canines (obéissance, ring…).
On peut directement faire coucher le chien en « détente » tout en choisissant le côté en descendant le leurre le long de son cou du côté opposé. La tête du chien tourne pour suivre la croquette ou le jouet et son corps suit le mouvement de descente.

perturbations. Comme pour le « Assis ! », commencez par décaler l'instant où vous donnerez le leurre, comptez jusqu'à 3, puis 5 puis 10 et ainsi de suite. Cela ne suffira malheureusement pas si votre chien est attiré par autre chose (passage d'un chat ou d'un congénère, balle qui roule…). Vous pourrez le garder en place grâce à votre pied que vous laisserez juste au-dessus de la laisse, collée à son corps, à hauteur de son épaule. Attention, si vous le placez trop loin, il ne servira à rien et n'empêchera pas votre chien de bouger. Trop près, il risque de le contraindre alors qu'il a déjà obéi. Après quelques tâtonnements, vous trouverez la bonne position qui dépend de vous (taille, équilibre…) et de votre chien (taille, fougue…).

Dernière précaution, la façon dont vous retirerez ce pied de la laisse. En effet, mal effectué, votre chien peut penser qu'il s'agit du signal de libération, ce qui n'est absolument pas l'effet recherché. Procédez de la manière suivante : lorsque vous allez libérer votre animal, pratiquez une caresse sur sa tête en levant le pied, mais en ne l'enlevant pas, car vous devez être prêt à appuyer de nouveau en cas de besoin, s'il tente de partir à ce moment, par exemple. Si votre compagnon est de petite taille, redressez-vous et dans le même temps rappelez l'ordre « Couché ! ». Et voilà, en trois phases, vous êtes passé du « couché » en sécurité au « couché » juste avant la libération, sans que votre compagnon ne puisse faire le lien.

Le rappel

Ordre

« Viens ! », « Au pied ! », « (À) ta place ! », « Ici ! »...

Geste

Mouvement circulaire du bras ou tapes sur les cuisses...

Résultat attendu

En entendant l'ordre de rappel, votre chien doit cesser ce qu'il était en train de faire et se précipiter à vos pieds.

C'est facile

Cet exercice est même plus facile à réussir avec un chiot qu'avec un adulte, tout simplement parce que le chiot est « inquiet » d'être loin de son maître, ce sentiment diminuant au fur et à mesure que le chien grandit et se sent plus sûr de lui mais aussi qu'il se sait capable de rejoindre rapidement son maître en cas de coup dur.

Apprendre le rappel à un chien n'est pas si difficile à condition d'avoir su créer une bonne relation avec lui. Comment le savoir ? Il suffit de l'appeler et vous pouvez être satisfait s'il revient immédiatement.

Cet apprentissage est facile si vous utilisez la bonne méthode, basée sur la récompense, car il est impossible d'avoir un rappel fiable dans la durée et en toutes circonstances sans ce préalable.

Enfin c'est facile si vous ne cherchez pas à aller trop vite et à placer votre animal dans des situations où il ne saura pas, voire ne pourra pas vous obéir.

Ce n'est pas si facile

Le chien vit quasiment en permanence dans un monde de choix et lorsqu'il ne revient pas, cela ne signifie pas qu'il ne voulait pas revenir mais simplement qu'à ce moment précis il avait une autre chose

Quatre points positifs pour un bon rappel : accroupi, bras tendus, visage souriant et voix engageante.

La marche en laisse

• Ordre

« Doucement ! », « Tranquille ! », « Pas tirer ! », « Ne tire pas ! »…

• Geste

Petites tapes sur la cuisse (côté du chien).

• Résultat attendu

Votre chien en laisse ne doit pas tirer, et ce quelles que soient les circonstances. En mouvement ou à l'arrêt, son « travail » est de garder en permanence une laisse détendue entre lui et vous : il peut même aller jusqu'à tendre sa laisse ! Il ne tirera véritablement que s'il décolle votre bras de votre corps. Le bras tenant la laisse doit être comme l'autre, c'est-à-dire ballant.

Quels que soient la vitesse, la direction et l'environnement, la même règle s'applique : votre chien ne doit pas tirer. Comme toujours, seul le danger constitue une exception.

En contrepartie, il est libre de faire à peu près tout ce qu'il veut : sentir une odeur, dire bonjour à un congénère, laisser ses propres marques, ramasser un bout de bois, mais tout cela sans jamais tirer. À l'arrêt, puisque vous ne lui avez pas demandé de s'asseoir ou de ne pas bouger, il est libre de prendre la position qu'il souhaite mais aussi d'en changer, voire d'en prendre une moins orthodoxe (couché sur le flanc ou sur le dos). Il pourra également creuser (si l'endroit le permet) ou jouer avec un objet.

La marche en laisse doit être synonyme de détente.

• C'est facile

Cet exercice est facile à condition de respecter deux règles :

– **Première règle :** ne laissez plus votre chien obtenir quoi que ce soit après avoir tiré. C'est de très loin la première cause de « tirage » de la part des chiens qui comprennent très vite que s'ils forcent sur leur laisse, ils réussissent presque toujours à atteindre ce qui les intéresse : odeurs, autres chiens, terrier, détritus… C'est terminé, votre chien ne vous « traîne » plus nulle part. Vous pouvez l'accompagner presque partout à la seule condition que vous y alliez dans le calme, c'est-à-dire laisse détendue.

– **Seconde règle :** tentez de combler l'immense fossé qui vous sépare du reste du monde qui vous entoure et qui est si tentant pour votre chien (odeurs, bruits, mouvements, restes comestibles ou non, chiens, chats...) en lui parlant, pas en permanence mais régulièrement, en faisant des bruits (avec la bouche, vos mains, vos pieds...), en le caressant de temps à autre et en lui proposant une friandise parfois.

Appliquez en parallèle la méthode en pas à pas de Ian Dunbar (voir ci-contre). Au lieu de tenter de corriger le mauvais comportement du chien qui tire, cette méthode ne lui laisse jamais l'opportunité de le faire, vous n'aurez donc pas à le punir mais bel et bien à le récompenser parce qu'il ne tire pas !

• Ce n'est pas si facile

On demande au chien de rester près de son maître malgré deux facteurs qui compliquent fortement l'exercice :

– Le maître bouge sans cesse, s'arrête puis repart, accélère, puis ralentit... Et autour de lui il y a un monde entier qui ne demande qu'à être exploré. Il nous faut en plus imaginer que le chien voit le monde à sa façon avec tout ce que cela comporte d'odeurs.

– La plupart des maîtres s'impatientent très vite : ils oublient que le chien fait ce qu'il peut et que le plus souvent ils ont renforcé involontairement son comportement en suivant l'animal qui force.

Les vitesses respectives de l'un et de l'autre viennent encore compliquer l'exercice. Le chien marche naturellement plus vite que nous, donc, quand nous marchons normalement, il nous trouve plutôt lent : quand nous marchons lentement, cela devient difficile et si nous marchons vite, nos rythmes tendent à s'accorder mais le chien a tendance à s'exciter, et donc il tire !

• Comment faire

Respectez les deux règles précédemment citées et la méthode pas à pas de Ian Dunbar qui suit :

1. Prenez la laisse dans une main et placez celle-ci devant la poitrine de votre chien en laissant une longueur normale : la laisse ne doit être ni tendue ni traînante.

2. Prenez une poignée de friandises dans l'autre main et placez-la également devant sa poitrine.

3. Demandez au chien de s'asseoir et attendez qu'il le fasse ❶.

4. Dès qu'il s'exécute, donnez-lui une friandise et avancez jusqu'à ce

❶

❷

❸

que votre chien vous suive (en général deux pas sont nécessaires) ❷.

5. Arrêtez-vous, puis demandez-lui de s'asseoir et attendez qu'il s'exécute ❸. Donnez-lui une friandise et remettez-vous en mouvement : toujours deux pas ❹.

6. De nouveau, arrêtez-vous, demandez-lui de s'asseoir et attendez qu'il s'exécute. Récompensez-le, puis repartez et continuez ainsi environ 25 fois de suite.

7. Ensuite, vous enchaînerez avec 25 fois trois pas, puis 25 fois quatre pas et enfin 25 fois cinq pas. Puisque votre chien ne tire pas sur deux pas, ce n'est pas le pas supplémentaire que vous allez faire qui lui permettra de tirer. Par ailleurs, il a compris qu'il devait marcher à vos côtés, s'arrêter en même temps que vous et s'asseoir à chaque arrêt.

8. Vous allez pouvoir passer à la méthode accélérée. La position de départ est identique : mettez-vous en mouvement, mais continuez d'avancer tant que votre chien est soit derrière vous, soit à votre hauteur (les plus doués peuvent même gérer un chien légèrement devant qui ne tirerait pas). Si le chien vous suit sans tirer, arrêtez-vous après environ 15 ou 20 pas, demandez-lui de s'asseoir, récompensez-le dès qu'il le fait et repartez pour une nouvelle série de pas. Si votre chien vous dépasse avec l'intention évidente d'arriver en bout de laisse et de tirer ❺,

Le saviez-vous ?

Comme pour le rappel, le résultat à obtenir est suffisamment important pour qu'on y consacre toute son énergie sans chercher les fioritures. Bien sûr, contrairement à la marche au pied que l'on pourra demander dans un second temps au chien sans laisse, il n'y a pas de variante à la marche en laisse, ou plus exactement au fait d'être en laisse, puisque cette sagesse du chien lorsqu'il est relié à son maître doit être la même à l'arrêt et en mouvement.

❹

❺

arrêtez-vous avant et demandez-lui de s'asseoir. Attendez qu'il le fasse, récompensez-le, puis repartez, et ainsi de suite ❻.

9. Attention : la marche en laisse est le seul exercice pour lequel il n'y a pas d'ordre de libération. Lorsque vous demandez à votre chien un « Assis ! » ou un « Couché ! », si vous n'enchaînez pas avec un autre ordre (autre position ou « Au pied ! », par exemple), vous devez toujours finir par le libérer. Habituellement, les mots « Allez ! », « Va ! », « File ! » ou tout autre mot à votre convenance annoncent à votre élève que l'exercice est terminé ; sans ce mot, le chien reste sagement en place. Pour la marche en laisse, il est impossible d'utiliser un tel commandement, car il s'agit plus d'une situation que d'un exercice. Le moyen d'y mettre un terme est simple : détachez votre chien. Attention : un commandement verbal suivra cette remise réelle en liberté, afin d'éviter que votre chien ne parte comme un boulet de canon dès qu'il sent qu'on lui retire sa laisse.

❻

La marche au pied

• Ordre

« Au pied ! » ou tout simplement « Pied ! », parfois « Place ! »...

• Geste

Comme pour la marche en laisse (voir p. 38), petite tape sur la cuisse, voire caresse sur la joue extérieure de votre chien si sa position le permet (ce geste n'est interdit qu'en compétition).

• Résultat attendu

Votre chien doit avancer en restant « collé » à votre jambe, et ce quels que soient vos changements de direction ou de vitesse.

• C'est facile

L'exercice est facile si votre chien maîtrise déjà la marche en laisse et si vous n'abusez pas de cette marche au pied qui lui demande un gros effort de concentration.

Pour réussir cet ordre, vous devez être motivé et arriver à transmettre cette motivation à votre compagnon : il doit avoir plaisir à être près de son maître au point qu'il n'a pas envie d'aller sentir les odeurs environnantes ou d'aller voir ses congénères.

Il ne faut pas tomber dans le piège de la monotonie, où l'on avance toujours dans la même direction en ligne droite ou en cercle et à la même vitesse. Dans ce cas, le chien décroche très rapidement. Si vous êtes confiant, enthousiaste et que vous parvenez à faire passer ce plaisir à votre compagnon c'est presque gagné.

• Ce n'est pas si facile

Le chien doit marcher à un endroit précis (près de son maître), mais cet endroit ne cesse de bouger.

C'est l'un des exercices où l'on peut avoir l'impression d'avoir réussi alors qu'il n'en est rien ! Pour une simple raison : la tension de la laisse. En effet, votre chien peut marcher à vos pieds, mais si c'est « sous la contrainte », c'est-à-dire laisse tendue, cela n'a aucune valeur. Pour le vérifier, il suffit de relâcher la laisse et vous verrez votre chien s'éloigner inexorablement de vous. Vous devrez donc en permanence jouer avec la laisse alternativement tendue et détendue. Cette règle est particulièrement valable lorsque le chien « se bloque » et refuse d'avancer. Déjà en situation d'échec, vous devrez prendre garde à ne pas l'accentuer par une tension forte et continue au risque de figer de manière définitive votre chien sur place.

Voici la solution en trois points : ne pas s'arrêter, tendre et détendre la laisse tout en encourageant au maximum votre compagnon. Si, malgré cela, il refuse d'avancer, faites une pause et réfléchissez à ce qui vous a conduit dans l'impasse.

En outre, vous devez faire face, comme durant la marche en laisse, à un environnement hostile car captivant pour votre chien.

La vitesse d'évolution peut être encore une cause d'échec ou, plus exactement, la différence entre la vôtre (souvent plus lente) et la sienne. Si vous marchez lentement, votre compagnon peinera à marcher à votre vitesse, car il aura l'impression d'être à l'arrêt ; si vous marchez d'un bon pas, il pourra monter en excitation. Il est donc difficile dans ces conditions de trouver le bon tempo.

• Comment faire

Il suffit de respecter deux règles :

– **Première règle,** la tenue de la laisse : votre chien doit être sur votre gauche (inversez l'ensemble des indications si vous conduisez votre chien à droite) et vous tenez la laisse dans la main droite (la laisse passe donc devant vous). Pour vérifier que tout est bien en place, mettez votre main sur la joue extérieure de votre chien si sa taille vous le permet. Profitez-en pour le caresser afin qu'il trouve agréable d'être à cette place exacte. La laisse doit être, comme toujours, légèrement détendue entre vous et lui et votre bras droit, qui tient la laisse, pend naturellement le long de votre corps ❶. Appliquez-vous pour trouver la bonne position, car cela compte pour 80 % dans la réussite de l'exercice. Si vous tenez votre chien ainsi et que vous vous mettez en mouvement, il va vous suivre et presque déjà correctement au pied ❷. C'est bien là le but recherché : bien placer votre chien afin de pouvoir l'encourager à progresser plutôt que de le punir pour des écarts qu'on lui aurait permis.

– **Seconde règle :** vous allez engranger les 20 % de réussite qui restent en rendant cette fastidieuse marche au pied un peu moins mo-

❶

❷

notone. Changez la vitesse et la direction, mais à l'opposé de ce qu'aimerait votre chien ❸. Par exemple, s'il tire pour aller à droite, allez à gauche. S'il traîne, motivez-le, mais avancez en accélérant ; s'il va trop vite et tente de vous dépasser, n'hésitez pas à ralentir ou à faire carrément demi-tour.

Vous ne devez en aucun cas attendre votre chien, qui verra très vite les conséquences de son attitude : « Chaque fois que je ne suis pas attentif ou si je tire, mon maître part en sens inverse sans m'attendre et, pire encore, il accélère le pas. » Encouragez vivement votre chien lorsqu'il doit reprendre sa place et félicitez-le chaleureusement dès qu'il y est parvenu.

❸

La marche au pied sans laisse

Au contraire de la marche en laisse, la marche au pied peut se tenter avec ou sans laisse. Certains grands dresseurs commencent d'ailleurs sans la laisse et vous expliquent qu'une fois que votre chien vous suit ainsi, le faire suivre alors qu'il est attaché est un jeu d'enfant.

La méthode la plus classique consiste cependant à apprendre au chien à marcher près de vous à l'aide de la laisse avant de finalement ôter celle-ci. Procédez par étapes :

1. Commencez sur de courts parcours rectilignes, en posant la laisse sur le dos de votre chien si le gabarit de celui-ci le permet ou en la laissant traîner au sol s'il est petit. Il vous sera ainsi facile de rattraper la laisse posée sur l'encolure ou de mettre le pied dessus.

2. Reprenez alors la marche en aidant votre chien avec la laisse. Même si tout se passe bien, il est bon, de temps en temps, de reprendre la laisse : ainsi, vous récompenserez votre compagnon pour les quelques mètres accomplis en liberté plutôt que de le reprendre pour en avoir trop demandé.

3. Au fil des séances, augmentez la distance. Une fois à l'aise sur plusieurs dizaines de mètres, commencez à faire des courbes douces. Tournez de préférence côté chien, ce qui vous permettra de l'amener à vous suivre gentiment.

4. Des courbes côté extérieur constitueront l'étape suivante : vous devez convaincre votre chien de rester à vos côtés. Petit à petit, vos changements de direction seront plus rapides et surtout sur des angles plus serrés avant d'être à angle droit ou plus. Gardez toujours les commandements « Au pied ! » pour les changements de rythme ou de direction. En entendant l'ordre, votre chien saura que quelque chose va se produire et il sera plus vigilant.

Sachez toutefois qu'une bonne marche au pied sans laisse, style compétition, consiste à partir directement chien en liberté, à ne donner l'ordre qu'une seule fois au départ de l'exercice malgré plusieurs changements de direction et de rythme, voire d'arrêt et de redémarrage. Cela laisse une marge de progression importante et c'est cela qui est motivant !

Les fixations : « Tapis » et « Zone »

• Ordre

« Tapis ! », « Reste là ! » ou bien « Place ! »...

• Geste

Main ouverte et tendue, vers le chien par exemple.

• Résultat attendu

– **Pour le « tapis » :** votre chien doit aller à un endroit que vous aurez choisi et y rester (pas forcément sur un tapis). Une fois sur cet emplacement, votre compagnon peut être assis, couché ou debout, se coucher, puis se relever ; il peut se rouler sur le dos, s'étirer, jouer avec une balle, bref faire ce qu'il veut tant qu'il reste à l'endroit désigné.

– **Pour la « zone » :** il ne doit pas franchir une limite que vous lui avez désignée (pas de porte de la cuisine, portail du jardin, descendre de la voiture...). Votre chien a le choix entre rester sur la limite ou aller en arrière. Par exemple, si la cuisine est interdite, le reste de la maison est autorisé ; si le portail est interdit, le jardin et la maison sont autorisés (si un accès est possible sans souci) ; en voiture, si la descente est interdite, les sièges ou le coffre sont permis.

L'important est de comprendre que ces deux exercices, par ailleurs complémentaires, sont plus efficaces – tout en étant beaucoup plus confortables pour le chien – que le traditionnel « Pas bouger ! », car lorsque le chien est assis, « Pas bouger ! » signifie qu'il doit rester parfaitement immobile. Dans ce cas, avec un « Tapis ! », vous évitez la lassitude et les courbatures.

• C'est facile

Ce sont deux des exercices les plus faciles à réussir, car ils « représentent » quelque chose pour le chien. En effet, le contrôle de l'espace et du déplacement est, chez les canidés, une notion vitale directement liée à leur mode de fonctionnement. Les chiens auxquels on demande de « faire » un tapis pour la première fois réussissent en moins de 5 minutes pour la quasi-totalité d'entre eux. Par réussir, on entend qu'il ne cherche plus à en sortir, pendant une durée de plusieurs dizaines de minutes, et ce malgré des perturbations : maître qui bouge ou disparaît de la vue du chien, sonnette d'entrée, approche d'un congénère, bruit de gamelle dans la cuisine... Lors de mes interventions, il m'est arrivé assez souvent de voir des chiens réussir l'exercice après un seul commandement !

Si vous commencez par un « Tapis ! », votre chien n'aura ensuite aucune difficulté à exécuter l'ordre « Reste là ! » de la zone.

• Ce n'est pas si facile

Le seul paramètre qui peut compliquer l'exercice est votre comportement. Mais pour peu que vous soyez concentré ou bien guidé par

❶

❷

un éducateur canin professionnel, vous ne devriez pas rencontrer de difficulté, d'autant que la seule qualité nécessaire pour réussir ces exercices est la persévérance.

L'autre erreur à éviter est le regard, notamment pour le « tapis » : une fois en place, si vous regardez votre chien constamment ou presque, deux événements peuvent se produire : soit il vous guettera et dès que vous porterez votre regard ailleurs, il bondira ; soit il lira dans vos yeux ce qu'il aimerait y lire à savoir « Tu m'aimes ? Oui, tu m'aimes, je le vois bien, tu veux que je vienne, j'arrive... ». Dans tous les cas, si vous devez garder un œil sur lui en permanence, il est inutile de le mettre au « tapis », autant vous occuper de lui.

• Comment faire

– Pour le « tapis » :

1. Choisissez un endroit à l'intérieur ou à l'extérieur de la maison. Afin de faciliter l'exécution, trouvez un « point de repère » : l'angle près du canapé, devant la cheminée ou la fenêtre, au pied d'un arbre ou simplement à côté de votre pull-over ou d'un sac à main.

2. Conduisez-y votre chien et une fois celui-ci à l'endroit choisi dites « Tapis ! » ou tout autre mot à votre convenance ❶. Idéalement, vous aurez pris soin d'attacher au collier de votre chien une laisse assez longue (3 à 5 mètres au minimum) qui vous permettra, en cas de tentative de fuite de votre animal, une récupération plus aisée.

3. S'il tente de quitter sa place, attrapez-le et ramenez-le au tapis, sans cri ni mouvement d'humeur ❷.

4. Dès qu'il est en place, éloignez-vous de quelques pas ❸.

5. S'il bouge, recommencez l'opération. Après quelques minutes, il comprendra et ne tentera plus de partir : s'il était debout, il va s'asseoir ; s'il était assis, il va se coucher.

6. S'il ne bouge pas, ce qui, pour un « tapis », signifie qu'il reste sur place mais peut passer de la position debout à la position couchée ou as-

❸

❹

sise, faites l'effort de revenir le voir après 2 minutes et récompensez-le (petite caresse, voire friandise) et repartez en disant « Tapis ! » ❹.

L'objectif est ensuite de pouvoir vous approcher de l'endroit où il est au tapis sans qu'il pense que votre arrivée soit synonyme de fin d'exercice. Cela vous permettra de venir chercher un livre dans la bibliothèque derrière lui ou de venir allumer une lampe ou encore tirer un rideau. Vous prendrez soin de récompenser votre chien qui ne « bouge pas » par un compliment verbal.

– **Pour la « zone » :**

1. Délimitez la limite à ne pas franchir : pas de porte d'une pièce, limite entre l'herbe et l'allée gravillonnée, sortie de voiture (porte ouverte)...

2. Dites à votre chien « Reste là ! », par exemple, puis franchissez la limite ❶.

3. S'il tente de vous suivre, prenez la longue laisse que vous aurez

Zones provisoires ou définitives ?

Il existe des zones en permanence interdites, d'autres ne l'étant que provisoirement. La cuisine peut être l'une ou l'autre en fonction de vos exigences. Les toilettes sont définitivement interdites, de même que la salle de bains (sauf pour donner un bain à votre chien). Les chambres peuvent être interdites en permanence ou provisoirement en fonction de vos règles de fonctionnement. Grâce à ses facultés d'adaptation et à son intelligence, votre chien sera capable de comprendre et de respecter ces règles fluctuantes. À vous d'être cohérent entre vos demandes et ce que vous faites respecter.

❶

pris garde de lui mettre au collier et ramenez-le avant la limite ❷. Votre compagnon a ensuite le choix entre trois options, deux bonnes et une mauvaise. La mauvaise est de tenter de vous suivre et donc franchir l'interdit, et nous venons de voir comment vous deviez réagir. Il peut aussi s'installer sur la limite et regarder ce que vous faites ou vaquer à ses occupations dans le reste de la maison ou du jardin ❸. S'il reste du bon côté, récompensez-le de temps en temps de la voix et par une caresse.

4. Testez sa compréhension de l'exercice en quittant la zone interdite (exemple : la cuisine). Appelez-le afin qu'il vous suive, puis après quelques mètres, faites demi-tour et revenez vers la cuisine ; à 1 mètre de la limite, dites « Reste là ! » et poursuivez votre chemin ❹. S'il a compris, il devrait s'arrêter avant la ligne à ne pas franchir.

❷

❸

❹

Le refus d'appât

Ordre

« Laisse ! » ou « Pas toucher ! »...

Geste

Poing serré et levé ou « ok » des plongeurs...

Résultat attendu

En entendant l'ordre, votre chien ne doit pas ramasser quelque chose au sol ou ailleurs. C'est un exercice vital : il peut éviter à votre chien d'absorber un objet non comestible ou un produit nocif. Cet exercice apprend en plus à votre chien à être patient – avant d'être récompensé, il doit faire un gros effort sur un de ses instincts les plus forts : manger – et à gérer la frustration parfois : après avoir bien compris l'épreuve et avoir été abondamment récompensé pour ses réussites, il ne sera peut-être plus récompensé que par une simple caresse.

C'est facile

99 % des chiens parviennent, en position couchée, à ne pas toucher à une friandise posée sur leur patte en moins de 1 minute. Le maître reste certes à côté de son chien et le tient en laisse par mesure de sécurité, mais il s'agit déjà d'une première victoire. Les plus « difficiles » atteignent cette étape en moins de 5 minutes. Le fait que nos compagnons ne soient pas affamés aide grandement à la réussite de cet exercice. Une bonne méthode basée sur les principes de récompenses et sur une progression logique est un autre facteur de réussite.

Ce n'est pas si facile

Cet exercice tente de modeler l'instinct primaire du chien de manger, mais le but final est de maîtriser son chien à l'extérieur et à distance, deux facteurs qui compliquent le travail. Ici, votre pire ennemi est la précipitation. Si vous respectez la technique développée en page 50 et que vous travaillez successivement sur les quatre types de refus d'appât (voir ci-dessous), vous viendrez à bout de tous les obstacles.

Quatre refus d'appât

– Le refus d'appât présenté : celui qui vous est présenté en pages 49 et 50.
– Le refus d'appât posé à vue : une fois que vous êtes sûr que votre chien ignore l'appât sur un simple commandement – vérification : si votre chien tourne la tête, représentez la friandise devant sa truffe ; il doit tourner la tête dans l'autre sens –, posez l'appât au sol, à 10 cm de ses pattes. Au fil des séances, rapprochez-le jusqu'à le poser entre ses pattes.
– Le refus d'appât lancé : c'est un des appâts les plus tentants pour votre chien, car le mouvement lui donne irrésistiblement envie de s'en saisir. Vous devez être deux : vous vous tenez à côté de votre compagnon pour lui donner l'ordre et le contrôler ; l'autre personne joue le rôle du lanceur. Celle-ci lance une friandise en direction de la gueule du chien. Vous lui donnez l'ordre de laisser et vous vous assurez, en cas de désobéissance, qu'il ne mange pas l'appât. Pour plus de simplicité et moins de « danger », essayez de l'empêcher de se saisir de la friandise avec la laisse.
– Le refus d'appât posé à l'insu : c'est la situation qui se rapproche le plus d'une situation réelle. Sortez de chez vous et éloignez-vous de 10, 20 et 30 pas. Disposez au sol trois appâts. Revenez chercher votre chien, puis reprenez le même chemin. En arrivant aux trois endroits « piégés », votre animal sera tenté. Commandez « Laisse ! » et agissez afin qu'il ne puisse pas manger les friandises. L'objectif final est que vous puissiez vous promener, votre chien en liberté, à une certaine distance (10 m), tout en gardant le contrôle.

• Comment faire

Comme toujours, travaillez en punition dite négative ou passive : si votre chien ne fait pas ce que vous attendez de lui, retirez-lui une chose agréable qu'il convoite.

❶

❷

1. Mettez votre chien en laisse pour être sûr de le garder à vos côtés, dites « Prends ! », puis présentez-lui des friandises à environ 5 cm de sa truffe et donnez-les lui ❶. Répétez l'opération 4 à 5 fois.

2. La sixième fois, dites par exemple « Laisse ! », tendez la friandise, mais ne le laissez pas s'en saisir. Ne reculez cependant pas la main : vous devez tenir la friandise de façon à ce qu'il ne puisse pas la prendre, mais juste la sentir. Attendez qu'il détourne son attention de l'appât : cela signifie qu'il faut que vous arriviez à le faire regarder ailleurs durant un quart de seconde, puis 1 seconde entière ❷.

3. Lorsque votre élève détourne le regard un quart de seconde la première fois, dites « Prends ! » et donnez-lui la friandise. Redites « Prends ! » deux ou trois fois, puis de nouveau « Laisse ! ».

4. Montez très légèrement votre niveau d'exigence : demandez-lui de détourner la tête 1 seconde, puis 2 et ainsi de suite. Demandez-lui ensuite de tourner la tête une fois et une seconde fois, ou une fois à droite, une fois à gauche... Vous verrez très rapidement votre chien détourner franchement et longuement son attention de l'appât.

« Recrache ! »

Commencez par travailler un refus d'appât, puis lorsque votre chien en maîtrisera les quatre formes (voir encadré p. 49), apprenez-lui à recracher ce qu'il a déjà dans la gueule. Cette progression en quatre phases est conseillée, voire indispensable, pour réussir ce « tour de force » puisqu'une fois bien réglé votre chien sera même capable de rendre un biscuit ou un morceau de fromage.

Sept ordres très utiles

Dans les pages qui suivent, vous trouverez décrits 7 ordres très utiles. Pour chaque exercice, nous passerons en revue cinq points : la gestuelle conseillée, le résultat attendu et/ou l'intérêt de l'exercice, les facilités et les difficultés, et la méthode. Vous devrez choisir un code verbal et gestuel pour chaque apprentissage. À titre d'indication, nous vous en proposerons un à chaque fois. Nous partons du principe qu'un ordre bien exécuté répond à quatre critères : le chien répond au premier commandement, il l'exécute « rapidement », il tient l'ordre, et ce malgré les perturbations éventuelles.

« Stop »

- **Ordre**

« Stop ! » ou coup de sifflet.

- **Geste**

Main tendue.

- **Résultat attendu**

Votre chien doit s'immobiliser là où il se trouve alors qu'il était en train de s'éloigner de vous ou de revenir vers vous. C'est le contrôle à distance du chien.

Cet exercice peut permettre d'éviter à votre animal de traverser une route ou de s'approcher de trop près d'un danger. Même s'il demande un travail certain pour une utilisation relativement rare, vous serez dans ces circonstances très heureux de lui avoir enseigné ce contrôle qui peut lui sauver la vie.

- **C'est facile**

Si vous respectez les différentes étapes, l'exercice sera facile. Choisissez si vous voulez que votre chien fasse un « stop assis », un « stop couché » ou un « stop debout ». Nous vous conseillons un des deux premiers, car ils fixent mieux le chien. Vous devrez aussi respecter scrupuleusement la progression en matière de distance et de perturbations extérieures. Enfin, sachez qu'il est souvent plus simple de bloquer le chien qui se dirige vers vous que celui qui s'éloigne de vous.

- **Ce n'est pas si facile**

Une fois arrivé au travail sans laisse (comme dans le rappel ou une fixation, une fois que vous êtes au-delà de la longueur de la longe),

❶

❶

❷

❸

❹

Le saviez-vous ?

Pour bloquer votre chien qui s'éloigne de vous, utilisez la longe dans un premier temps. Laissez-le prendre une dizaine de mètres d'avance – il est presque en bout de longe – et dites « Stop, assis ! », par exemple. S'il s'arrête, félicitez-le. Dans le cas contraire, utilisez la longe pour le bloquer, félicitez-le, même s'il a eu besoin d'aide pour réussir, et recommencez l'exercice.

vous n'aurez plus vraiment de contrôle sur votre élève.

• Comment faire

1. Commencez par une marche au pied en laisse et en ligne droite avec votre chien ❶.
Arrêtez-vous et stoppez votre chien et, dans le même temps, faites-lui prendre la position souhaitée : il est essentiel qu'il associe l'arrêt et la position ❷.
Félicitez-le, puis repartez. Recommencez après quelques pas. Au fur et à mesure de vos arrêts, vous allez légèrement, puis de plus en plus, dépasser votre chien lorsqu'il s'arrête ❸. S'il tente de vous suivre, bloquez-le et revenez à l'étape précédente. Une fois qu'il se bloque bien et que vous êtes arrivé en fin de laisse, laissez-la tomber et continuez à marcher alors que vous avez commandé « Stop ! » ❹.

2. Votre chien sait maintenant s'arrêter (et prendre la position de votre choix sur ordre) lorsque vous avez commencé à ses côtés. Vous devez maintenant obtenir la même chose lorsqu'il est devant vous et vient vers vous. Bloquez-le quand il n'est qu'à 1 ou 2 mètres de vous, donc presque arrivé ❶ : avancez vers lui, tendez la main et, d'une voix forte, dites « Stop, assis ! » ou « Stop, couché ! » ❷. Si cela fonctionne, demandez-lui à une distance plus élevée la fois suivante et ainsi de suite.

❷

❶

❷

« Debout »

- **Ordre**

« Debout ! », « Lève-toi ! »...

- **Geste**

Doigt, main, bras levé...

- **Résultat attendu**

En entendant l'ordre ou en voyant le geste, votre chien doit se mettre debout depuis la position assise ou couchée et surtout rester immobile.

- **C'est facile**

Votre chien se mettra seul debout s'il pense que vous allez partir. L'essentiel du travail consistera donc à lui faire croire que c'est bien votre intention, du moins durant la période d'apprentissage.

- **Ce n'est pas si facile**

Lorsque l'on voit l'exercice réussi par un chien, on n'imagine pas le travail qu'a dû fournir le maître pour en arriver là. Faire lever son chien est enfantin ; en revanche, le faire rester immobile demande un peu d'expérience ou au moins une bonne méthode. Comme pour la plupart des autres commandements et même un peu plus étant donné la position du chien, l'ajout de difficultés corsera sérieusement un ordre qui semblait acquis.

- **Comment faire**

1. Votre chien est placé à vos côtés. Bougez la jambe intérieure (la gauche si votre chien est situé sur votre gauche). Votre pied doit revenir en position de départ le plus vite possible, afin d'éviter que votre chien, après s'être levé, ne cherche à bouger ❶.

2. En voyant bouger votre jambe, votre compagnon croit que vous partez et se lève pour être prêt à vous suivre. À ce moment précis, vous devez être particulièrement rapide et efficace. Bloquez-le avec la laisse afin qu'il n'avance pas ❷.

3. Dans le même temps, en admettant que vous teniez la laisse à deux mains, libérez votre main intérieure (côté chien) et caressez-le sous le ventre pour le récompenser de l'effort accompli et éviter qu'il ne se rassoie ou ne se recouche ❸.

4. Allongez peu à peu la durée d'immobilité de votre élève.

Appliquez-vous afin que votre compagnon reste immobile. Rappelons que s'il est « difficile » pour un chien de garder une position plus que quelques minutes, c'est tout de même plus simple que de le remettre 20 fois dans la position. Si votre animal est remuant, n'hésitez pas à le positionner face à un mur ou, mieux encore, un angle de mur, cela le calmera déjà.

Le saviez-vous ?

Cet ordre permet de montrer le contrôle que vous avez sur votre chien mais aussi et surtout la maîtrise qu'il a de lui-même. Il lui est si facile de bouger dans cette position que le fait d'être capable de la garder quoi qu'il arrive est un véritable exploit. Pensez également qu'il vous faudra brosser ou soigner votre chien au moins une fois de temps en temps. Qu'il sache se tenir immobile vous aidera à son entretien, voire à sa guérison.

Vous pouvez obtenir le même résultat en utilisant un leurre que vous placerez devant sa truffe, puis que vous avancerez de quelques centimètres. Dans le même temps, bloquez votre chien avec la laisse et votre main libre. Il tentera bien au moins une fois d'avancer, poussé par la curiosité ou la gourmandise.

En résumé : il est nécessaire d'alterner vitesse pour obliger votre chien à se lever puis rythme calme pour le bloquer en position « debout » avant de revenir avec des tentations de plus en plus fortes.

❶

❷

❸

« Lâche »

• Ordre

« Lâche ! », « Laisse ! », « Crache ! », « Donne ! », « Pose ! », « Rends ! »...

• Geste

Le poing fermé doit s'ouvrir rapidement.

• Résultat attendu

Votre chien doit recracher ce qu'il vient de prendre en gueule ou ce qu'il tient en gueule depuis un moment. Cet ordre peut lui sauver la vie ou lui éviter de fortes diarrhées ou des vomissements.

• C'est facile

Cet exercice est facile à réaliser si vous respectez bien les différentes étapes d'apprentissage et si vous réagissez rapidement une fois que votre chien s'est saisi de ce que vous voulez lui faire cracher, surtout si cela se mange. Une voix sûre et forte peu aider à le motiver, tout comme une succulente récompense, une fois l'exploit accompli.

• Ce n'est pas si facile

Si la chose qu'il a en gueule est particulièrement appétente, l'exercice sera plus difficile. Précisons également qu'avec certains chiens (très peu, et beaucoup moins qu'on ne l'imagine) il y a un risque d'agression justifiée de la part de l'animal, car il défend une ressource.

Le saviez-vous ?

Les chiens aiment ramasser ce qui traîne par terre et plus encore si cela se mange. On trouve ainsi fréquemment au bord de l'eau des poissons laissés par des pêcheurs. Très souvent, ces poissons contiennent encore un hameçon dont la « piqûre », en plus d'être douloureuse, risque de provoquer une infection chez votre chien ; soyez vigilant !

• Comment faire

Il existe une méthode divisée en douze étapes, avec le chien tenu en laisse :

1. Utilisez quelque chose qui ne se mange pas et de long (un bâton, par exemple) :

A : Présentez-le à votre chien et reprenez-le avant même qu'il n'ait pu réellement serrer les dents dessus, en donnant votre ordre ❶.

B : Présentez de nouveau le bâton à votre chien, laissez-le s'en saisir, donnez l'ordre « Lâche ! » et récupérez l'objet ❷.

C : Procédez de même, mais lâchez finalement l'objet ❸, puis en remettant la main dessus, donnez l'ordre et récupérez-le ❹.

Répétez ces exercices jusqu'à une excellente exécution et passez ensuite à la deuxième étape :

2. Munissez-vous de quelque chose qui ne se mange pas et de court (une balle, par exemple) : comme vous êtes plus au contact de la gueule du chien, le travail est donc plus délicat, mais les trois phases (A, B, C) restent les mêmes.

3. Prenez quelque chose qui se mange et de long (un faux os, par exemple) : ici, c'est le côté comestible de l'objet qui complique la manœuvre. Travaillez les exercices A, B, C et répétez.

❶

❷

❸

❹

4. Avec quelque chose de comestible, de court et de dur (une friandise particulièrement dure est idéale), travaillez les exercices A, B, C et répétez.

Vous pouvez maintenant demander à votre chien de « lâcher » des choses de plus en plus petites et de plus en plus molles ou friables, mais s'il en garde un bout en bouche, ne lui en veuillez pas !

« Apporte »

Ordre

« Apporte ! » ou « Rapporte ! ».

Geste

Envoi du bras en avant pour la recherche puis claques sur les cuisses pour le retour.

Résultat attendu

Votre chien doit aller chercher, rapporter et enfin vous donner soit un objet spécial (dit apportable), soit un objet usuel tombé au sol (casquette, trousseau de clef…). Cela peut être simplement utile ou permettre de jouer avec un seul jouet tout en fatiguant votre chien qui fera de multiples allers et retours.

C'est facile

Certaines races de chiens sélectionnées depuis leurs origines pour être des rapporteurs (retreivers en anglais) réussissent très bien cet exercice. Le Labrador et le Golden Retriever sont deux des plus célèbres représentants de cette famille de chiens. Mais même des races plus calmes ou ayant à l'origine une autre utilité y parviennent avec un peu d'entraînement. Beaucoup de chiens adorent jouer avec des balles et d'autres objets faciles à prendre en gueule : la difficulté réside ici dans le fait de transformer un jeu « tout fou » en un exercice toujours amusant mais malgré tout « cadré ».

Ce n'est pas si facile

Le commandement « Apporte ! » génère cinq étapes différentes :

– on envoie le chien en avant ;
– celui-ci doit chercher l'objet ;
– il le prend en gueule ;
– il rapporte l'objet ;
– il le donne à son maître.

Ce sont donc cinq opérations différentes et successives qu'il faudra potentiellement enseigner séparément à votre chien en fonction de ses capacités et de sa motivation.

La facilité avec laquelle votre chien vous rend l'objet peut être révélatrice des relations que vous entretenez avec lui. Certains chiens au fort tempérament ne lâchent pas facilement l'objet ; certains peuvent même devenir agressifs pour le conserver, mais ils préviennent presque toujours avant par des grondements, grognements et autres mimiques très faciles à déchiffrer. Dans ce cas, deux solutions sont envisageables : trouver un autre exercice à faire avec votre compagnon ou demander l'aide d'un éducateur canin professionnel.

Comment faire

Commencez par tester votre chien en lui lançant quelque chose. S'il s'agit de son jouet préféré, vous

Le saviez-vous ?

Il est normal que votre chien ait envie de courir après des objets ou des êtres vivants en mouvement : balles, autres chiens, joggeurs, vélos, enfants, chats… C'est inscrit dans ses gènes sous le nom d'instinct de prédation ou de chasse. Cela devient un problème lorsqu'il s'agit d'autre chose que des balles, bâtons et chiens. Il faut alors travailler à proximité de ces « tentations », en gardant le chien sous contrôle, et travailler de façon intensive le rappel. Un chien moins sensible et ayant un excellent rappel ne cause plus de tracas à son maître.

augmenterez vos chances de succès ! Il existe ensuite deux possibilités : soit vous devrez lui enseigner l'exercice en entier, soit vous n'aurez qu'à lui apprendre, comme c'est souvent le cas, l'ultime étape qui consiste à rendre l'objet.

1. Envoyez votre chien en avant : vous pouvez le motiver en jouant tout d'abord avec l'objet, puis le lancement de celui-ci devrait suffire à réveiller son fameux instinct de chasse ❶. Lors de sa course en avant, ne soyez pas avare d'encouragements, mais attention à ne pas trop en faire au risque de voir votre chien revenir aussitôt vers vous.

2. Votre chien doit chercher l'objet : s'il a pu suivre son vol, il devrait piquer dessus directement. Dans le cas contraire, il va vous falloir le guider jusqu'à ce qu'il ait la truffe dessus ❷. Si vous rencontrez des problèmes à ce stade, un objet plus odorant peut aider votre limier dans sa quête.

3. Il doit ensuite ramasser l'objet : si vous avez déjà joué avec lui à un jeu comme le tire à la corde et si la nature de l'objet n'est pas

Un sport : le flyball

Si votre chien ne se lasse pas de vous rapporter la balle, essayez le flyball. Le principe ? C'est une course de relais : trois, quatre ou cinq coéquipiers de chiens doivent, à tour de rôle, s'élancer pour franchir quatre haies, aller poser la patte sur le lanceur (une machine), saisir la balle que celui-ci éjectera devant leur truffe avant de faire le chemin de retour. Dès la ligne d'arrivée franchie, le chien suivant s'élance, et ainsi de suite. Il existe deux principes : soit deux équipes courent côte à côte, soit on chronomètre le temps général de tous les chiens.
Attention aux chiens nerveux qui peuvent facilement se laisser emporter par l'ambiance et devenir insupportables à la simple vue d'une balle.

❶

❷

❸

❹

gênante (métal, poids...), il devrait réussir sans souci cette étape.

4. Il doit ensuite rapporter l'objet ❸ : c'est souvent ici que les choses se corsent. En effet, les chiens adorent garder pour eux ce qu'ils ont trouvé ; pire, ils adorent qu'on leur coure après pour essayer de le leur reprendre. Ne faites surtout pas cette erreur : restez sur vos positions, appelez d'une voix invitante mais pas trop ❹ – il risquerait de lâcher l'objet en route – et prévoyez de quoi faire un échange à l'arrivée. Ce qui ne vous empêchera pas le cas échéant de lui renvoyer l'objet en guise de récompense et afin qu'il ne craigne pas de le perdre définitivement s'il vous l'abandonne.

5. Mis à part si vous souhaitez faire un jour de la compétition, vous n'êtes pas obligé d'être trop rigoureux concernant son placement de retour : à côté de vous, devant vous, légèrement décalé, peu importe pourvu qu'il soit à portée de main.

Vous pouvez alors complexifier l'exercice à loisir : changez l'objet ainsi que sa matière, envoyez un objet alors que votre chien est distrait afin de pimenter sa recherche, ajoutez des obstacles (haie à franchir à l'aller, au retour ou les deux, objet lancé derrière un obstacle infranchissable que le chien devra apprendre à contourner...).

Enfin, vous pouvez envoyer plusieurs objets et lui demander de n'en rapporter qu'un ou plusieurs mais dans un ordre défini, ou encore au gré de vos envies et sur dénomination de l'objet : d'abord la balle, puis le bâton...

Dernière variante pour laquelle vous devrez être prudent : demander à votre chien de vous rapporter quelque chose de comestible. Soyez prudent : avancez pas à pas et offrez-lui en échange une friandise de même valeur, voire supérieure.

➔ La plupart des chiens aiment bien rapporter un objet... le donner, c'est autre chose !

« Donne la patte »

- **Ordre**

« (Donne) la patte ! », « Dis bonjour ! », « Tape m'en cinq ! »...

- **Geste**

Main ouverte paume vers le haut ou main ouverte tendue comme le bonjour indien.

- **Résultat attendu**

Votre chien doit poser l'une ou l'autre patte ou l'une puis l'autre, voire ses deux pattes en même temps, dans votre main ouverte ou dans le vide.

Dis bonjour !

- **C'est facile**

Les chiens utilisent beaucoup plus leurs pattes qu'on ne l'imagine.

- **Ce n'est pas si facile**

Il faut que les chiens donnent la patte quand on le leur demande et non quand cela les arrange. Ils ont aussi parfois tendance à s'exciter et à donner la patte de façon exagérée. À vous d'y mettre bon ordre : il suffit pour cela de ne pas réagir et de ne pas prendre cette patte quand vous ne l'avez pas sollicitée.

- **Comment faire**

Il existe trois manières de procéder pour cet ordre :

1. Utiliser un leurre en le passant devant sa patte : faites asseoir votre chien et placez-vous accroupi devant lui ❶. Mettez une friandise dans votre main fermée, laissez votre chien la sentir ❷, puis faites un mouvement circulaire de haut en bas et de l'extérieur vers l'intérieur (comme un coup de poing en boxe) en passant devant sa patte. Il y a de fortes chances pour qu'il soit tenté de lever la patte pour la poser sur votre main, comme s'il voulait la ramener à lui. S'il fait cela, même « timidement », montrez que vous êtes content, donnez l'ordre « La patte ! » ❸, puis dites-lui que c'est bien et donnez-lui la friandise. Recommencez, puis passez à l'autre patte (avec votre autre main). Vous pouvez changer d'ordre et dire « L'autre ! » ou « La gauche ! » ou si vous avez commencé par « Tip ! » dire « Top ! ».

❶

❶

❷

❸

❷

❶

2. « Narguer » votre chien : attachez-le avec sa laisse, puis, devant lui, bougez, parlez, appelez-le et attendez ❶. Soyez sûr qu'il va réagir, d'une façon ou d'une autre. S'il aboie ou saute, vous pouvez renforcer cet ordre ou l'ignorer ❷. S'il donne la patte, réagissez très vite comme dans la première méthode : donnez un commandement ❸, une félicitation verbale et/ou gourmande, puis recommencez.

❷

❸

3. Pour les chiens plus récalcitrants : votre animal doit s'asseoir sur ordre ❶ ; prenez-lui doucement la patte, donnez l'ordre ❷ et récompensez-le. Reposez la patte, puis redonnez l'ordre ❸ et attendez un peu afin de voir s'il a compris et s'il va faire l'effort de vous la donner. Si c'est le cas, renforcez, sinon essayez

❸

❶

❷

❸

de reprendre la patte mais plus légèrement encore cette fois. D'essais en essais, diminuez la puissance de votre geste et encouragez votre chien à faire le mouvement seul.

Le saviez-vous ?

En s'aidant de ses pattes et en projetant celles-ci, le chien peut éventuellement ouvrir une porte, allumer une lumière, appeler un ascenseur… Soyez imaginatif, rien de tel que l'ennui pour casser le moral d'un chien. Utilisez ses compétences pour vous simplifier la vie et surtout pour passer de bons moments avec lui.

Gardez toujours le contrôle et ne renforcez pas les comportements au cours desquels il prend l'initiative sous peine de le voir prendre la direction des opérations. C'est un équilibre subtil, car il ne faut pas non plus diminuer son envie de bien faire et de travailler. Essayez d'être juste et cohérent.

« Non »

• Ordre

« Non ! ».

• Geste

Index levé (avertissement).

• Résultat attendu

Votre chien doit arrêter l'action en cours, quelle qu'elle soit.

• C'est facile

Les chiens sont très sensibles aux changements d'intonations et aux postures, mais tout dépend de ce que votre chien était en train de faire et de la motivation à finir cette action, par rapport à la conviction de votre ton et surtout par rapport aux suites de votre demande. Répéter « Non ! » sans agir ne sera pas efficace ; en revanche, intervenir s'il ne cesse pas son action, c'est lui montrer qu'on ne plaisantait pas et qu'on ne tolérera pas de désobéissance sur ce point.

Les abus du « Non ! »

Beaucoup de chiens pensent s'appeler « Non ! » tant leurs maîtres abusent de cet ordre. Le nom de votre chien est utile pour attirer son attention, mais vous devez ensuite être plus précis et formuler votre demande par un ordre clair : « Viens ! », « Couché ! »... Lorsque cela est possible, utilisez d'autres ordres : « Pas sauter ! », « Descends ! », « Silence ! », « Reste là ! » ou « Pas franchir ! ». L'idée est de ne pas gâcher la valeur du « Non ! » en l'utilisant tout le temps.

Prenez l'habitude de parler d'une voix forte lorsque vous prononcez cet ordre, car on l'utilise souvent dans des situations d'urgence. Mieux vaut donc que votre chien soit accoutumé à vous entendre crier « Non ! », même s'il peut l'entendre et le respecter lorsqu'il est prononcé d'une voix ferme et vigoureuse.

• Ce n'est pas si facile

Si votre chien est en train de faire une activité particulièrement motivante pour lui (repas, jeu, recherche de gibier...), cela vous demandera un vrai investissement personnel. Le chien est capable de détecter le moindre doute dans notre voix ou notre posture : ne lui en donnez pas l'occasion !

• Comment faire

Respectez les 3 D : Durée, Distance et Difficulté (voir p. 27).

Commencez par de petites interdictions ❶, comme franchir une limite en étant placé près de votre chien. Puis augmentez vos critères : vous êtes plus loin du chien, il a plus envie de tel ou tel objet...

Vous pouvez compenser en partie l'effort fourni par votre chien en lui proposant une friandise. Vous pouvez aussi, lorsque cela est possible, l'autoriser à reprendre ses activités après l'avoir complimenté d'y avoir renoncé. Par exemple : votre chien joue avec plusieurs congénères. S'il parvient à détourner son attention d'eux assez longtemps pour venir vous voir ❷, caressez-le et, très rapidement, laissez-le retourner à sa partie de jeu.

Pour distraire les chiens les plus durs, il peut être utile de faire appel à une longe (comme pour le rappel). On garde ainsi un contact avec le chien, tout en lui laissant une marge de manœuvre, pour fauter par exemple. On peut dans ce cas agir à distance.

❶

❷

PAIN
PAN TOSTADO

CHAPITRE 3

Rééduquer un chien

Il aboie à tout va

Certaines races donnent un peu plus facilement de la voix que d'autres, mais les différences sont plus significatives entre deux individus. Vous ne pourrez jamais empêcher un chien d'aboyer, car c'est son mode d'expression normal. Ce sont les abus qu'il faut maîtriser.

Grosse voix caverneuse, à éviter en milieu urbain !

Déterminer la cause des aboiements

Un chien n'aboie jamais sans raison ; il est donc primordial d'essayer d'analyser la situation afin de résoudre la cause (bruit, ennui, stress...) plutôt que les conséquences (l'aboiement).

Même si vous parvenez à faire taire votre chien, si la cause de ses vocalises est toujours présente, il y a un fort risque de le voir développer un comportement dit de substitution : il peut se mettre à souiller la maison, s'automutiler, chercher à s'enfuir, devenir agressif... Voilà pourquoi il est essentiel de découvrir ce qui fait aboyer votre chien avant de le faire taire.

La punition physique

Cette solution, obsolète et déconseillée, consiste à frapper le chien qui aboie. En général, il se tait, mais si votre interruption n'est pas suivie d'un autre commandement, votre chien aboiera de nouveau. Double inconvénient de cette méthode : il faut frapper le chien et il est rare que le chien reste sur place dans l'attente de la punition !

La récompense

Cette option a le mérite d'être tout aussi efficace et plus douce : lorsque votre chien aboie, appelez-le ou, s'il est à côté de vous, proposez-lui une friandise. S'il vient et/ou s'il accepte la friandise, c'est qu'il a cessé d'aboyer. Vous pouvez alors lui donner sa récompense. N'oubliez pas de lui donner un ordre ou une activité à réaliser, faute de quoi il se remettra à aboyer.

« Aboie ! »

Aussi paradoxal que cela puisse paraître, apprendre à son chien à aboyer sur commande se révèle très efficace pour le faire taire. Pour cet exercice, vous pouvez profiter des situations qui font aboyer votre chien (sonnette, passage de personnes devant chez vous...), les recréer ou en inventer de nouvelles : l'attacher puis jouer devant lui avec un autre chien ou donner à manger devant lui à un autre chien... Au moindre son, récompensez votre chien, puis augmentez progressivement le niveau requis. Une fois qu'il aura compris où était son intérêt – il aboie et on le récompense – vous ne serez plus obligé de fabriquer toute une mise en scène. Vous commanderez « Aboie ! » et il aboiera.

Passez ensuite à la seconde étape, celle qui nous intéresse : « Silence ! » : demandez à votre chien d'aboyer. Lorsqu'il se met à aboyer, attendez quelques instants : il va être étonné de ne pas être récompensé ! Profitez de ce répit pour lui dire « Silence ! » et récompensez-le. Il comprend ainsi la signification du son « silence ».

Par la suite, que vous lui ayez demandé d'aboyer ou qu'il l'ait fait tout seul, vous pourrez désormais commander et obtenir sans effort que votre chien se taise.

Les colliers électriques

La législation sur les colliers électriques diffère selon les pays : ils peuvent être interdits ou soumis à certaines conditions (utilisation avec un professionnel...). En France, vous pouvez vous en procurer partout, mais leur utilisation est-elle sans danger ?

Tout d'abord, il existe différentes sortes de colliers électriques, et les risques entre un collier électrique et un collier à la citronnelle ou à air comprimé ne sont pas les mêmes (l'efficacité non plus).

Le collier électrique est celui qui est le plus critiqué : on lui reproche d'être cruel, douloureux et même dangereux. Mais une utilisation à une ou deux reprises vaut peut-être mieux qu'un abandon ou une euthanasie... Mais cela ne signifie pas que le problème est réglé : le chien n'aboie certes plus, mais vous n'avez pas déterminé les causes de ses aboiements.

Deux types de chiens ne doivent en aucun cas être équipés de tels colliers :
– Les chiens peureux, que l'on risque de traumatiser sévèrement.
– Les chiens ayant un très fort caractère : ils auront toujours plus envie d'aboyer que peur d'être sanctionnés, donc ils aboieront quand même mais seront sérieusement blessés par les chocs électriques répétés.

Le saviez-vous ?

Tout le monde connaît le tapage nocturne, mais peu de personnes savent que les normes sont « allégées » en journée mais qu'elles existent bel et bien. Vous devez donc éviter que votre chien aboie la nuit et faire en sorte qu'en journée ces aboiements ne dépassent pas une durée et un volume définis. Il existe des normes, mais très souvent la patience des voisins fait office de « baromètre ».

Mot ou son : ce que le chien comprend réellement

Beaucoup de gens pensent que le chien comprend notre langage, car il s'assoit quand il entend « Assis ! », il se précipite au commandement « Viens ! »... Mais il n'en est rien : le chien fait des associations entre un mot, c'est-à-dire un son, et une posture ou une action. Grâce à la récompense, il enregistre cette association, mais il ne comprend pas le sens profond et abstrait des mots « assis », « viens » ou « parle ».

Il n'est pas propre

Qu'il s'agisse d'un chiot ou d'un chien adulte, la propreté est un sujet qui préoccupe beaucoup de propriétaires. Or un chien adulte ayant perdu cette notion peut redevenir propre en à peine quelques jours.

Qu'est-ce que la propreté ?

La chienne apprend à ses petits à être propres en les obligeant à s'éloigner de l'endroit où ils dorment et de celui où ils mangent. Vous devez donc étendre la zone interdite à l'ensemble des pièces du logement, même si celles-ci ne représentent rien pour le chien.

Amener un chien à être propre n'est pas si difficile si l'on tient compte de deux grands principes :
– Il faut le récompenser lorsqu'il fait au bon endroit : ne soyez avare ni de caresses ni de compliments ni de friandises. Associez-leur l'ordre « Fais pipi ! », « Fais tes besoins ! ».
– Vous devez sortir votre chien régulièrement et, si possible, à des heures fixes, afin de faciliter « le réglage » de son organisme.

Les mictions d'émotion

Les mictions d'émotion sont des besoins, le plus souvent de l'urine, que le chien ne peut s'empêcher d'émettre lorsqu'il ressent une forte émotion. Cette émotion est soit une grande frayeur, auquel cas la miction peut être accompagnée du vidage des glandes anales, soit une émotion de joie. Le meilleur moyen de faire disparaître ce type de malpropreté, qui n'en est pas vraiment une, est de l'ignorer : ne grondez pas votre chien, ne cherchez pas à le rassurer, contentez-vous de nettoyer, si possible hors de sa vue.

L'incontinence

L'incontinence touche des chiens âgés ou ayant un problème de santé particulier. Même s'il s'agit de malpropreté, l'incontinence ne relève pas de l'éducation. Pour résoudre ce problème, l'intervention d'un vétérinaire est nécessaire.

Certains chiens deviennent incontinents, car on leur a demandé de se retenir très longtemps et sur des périodes prolongées (une douzaine d'heures journalières) : ils ont alors trop sollicité leurs sphincters pour se retenir et ceux-ci ne fonctionnent plus de manière précoce.

Lui mettre le nez dedans ?

Cette idée a la vie dure, mais elle n'est pourtant pas très logique. En agissant ainsi, vous n'obtiendrez pas le résultat escompté : loin d'associer ses besoins à une quelconque faute, le chien fait le rapprochement suivant : besoins = maître en colère. À l'avenir, il s'abstiendra donc au maximum de faire ses besoins en votre présence. Résultat : vous promenez votre chien et celui-ci attend d'être hors de votre vue pour se soulager ou, pire, attend d'être revenu à la maison et hors de votre vue pour faire ses besoins. L'autre conséquence est que votre chien risque de devenir coprophage, c'est-à-dire de manger ses propres excréments, afin de vous dissimuler ses besoins. N'oubliez pas : l'autoritarisme excessif est préjudiciable à une bonne éducation.

Le papier journal

Longtemps considéré comme une méthode infaillible, le papier journal est aujourd'hui en perte de vitesse. En effet, de nombreux jeunes chiens considèrent le papier journal comme une aire de jeux qui se mâchonne ! Par ailleurs, l'utilisation du papier journal nécessite un double apprentissage : vous essayez de faire comprendre à votre compagnon qu'il doit faire ses besoins d'abord à l'intérieur puis, vers l'âge de 6 à 8 mois, à l'extérieur.

Si vous souhaitez utiliser cette méthode, prenez soin de modifier chaque jour deux paramètres :

– Rapprochez de plus en plus le journal vers la sortie. L'objectif est, à la fin, de glisser une partie du journal sous la porte afin d'inciter votre chien, qui est habitué à faire ses besoins dessus, à réclamer de sortir pour se soulager sur son journal.

– En même temps que vous rapprochez le journal vers la sortie, réduisez la surface de journal mise à sa disposition. Ainsi, ses urines seront de plus en plus « concentrées ».

Le pragmatisme de Ian Dunbar

Sa théorie est simple et efficace :

– d'un côté, le chien a envie ou non de faire ses besoins ;

– de l'autre côté, il existe deux types de lieux pour faire ses besoins : là où le chien est autorisé à se soulager et bien sûr là où il ne l'est pas.

Si l'on combine ces deux possibilités, on se rend compte que le chien qui n'a pas envie de faire ses besoins peut être n'importe où alors que le chien qui souhaite se soulager ne peut être qu'à un endroit autorisé.

Ensuite, il ne reste plus qu'à respecter la règle suivante : lorsque votre chien a envie de faire ses besoins, emmenez-le là où il pourra les faire et où vous pourrez le récompenser. S'il n'a pas envie de faire ses besoins, vous pouvez le laisser pendant un certain temps à l'intérieur sans surveillance. Notez que le chien adulte a la capacité de se retenir plus longtemps que le chiot.

Prolonger la promenade

Lorsque votre chien a fait ses besoins, ne rentrez pas immédiatement chez vous. En effet, si vous reproduisez cet enchaînement un peu trop souvent, votre chien va associer : faire ses besoins = fin de balade. N'étant pas pressés de rentrer, certains chiens vont se retenir avec l'espoir que la promenade soit allongée. Afin d'éviter un tel désagrément, il suffit de ne plus systématiquement prendre le chemin du retour après que votre chien a fait ses besoins. Récompensez-le dès qu'il s'est soulagé au bon endroit.

Il fugue sans arrêt

La fugue est un problème à la fois sérieux et complexe, d'une part parce que votre chien risque sa vie lorsqu'il divague sur la voie publique et d'autre part parce qu'il faut d'abord comprendre ce qui le pousse à agir ainsi et ensuite trouver des astuces pour l'empêcher de fuguer. Voici les quatre principales raisons et les solutions correspondantes...

L'ennui

L'ennui est une des causes majeures de problèmes posés par les chiens. Certains y répondent en allant se promener, d'autres aboient à longueur de journée, s'automutilent ou détruisent le mobilier... Pour ceux qui ont choisi la fugue, outre l'inquiétude légitime des maîtres et leur responsabilité en cas d'accident, c'est surtout les risques encourus par le chien qui sont graves : accident aux conséquences physiques et psychiques parfois importantes, dommages matériels ou humains, capture et revente pour expérimentations ou combats de chiens...

La solution est assez simple : occupez votre chien avec des jeux qui

Errance : attention danger !

distribuent de la nourriture à petite dose (à condition que le chien joue avec), des jeux de cache-cache avec ses jouets ou une nouvelle fois de la nourriture. Lui proposer un compagnon de jeu peut être également une bonne solution : vous pouvez adopter un chien ou trouver parmi vos voisins ou amis un chien qui s'ennuie et qui pourrait jouer avec le vôtre durant la journée.

Une femelle en chaleur

Sont concernés ici les mâles non castrés mais aussi les femelles. Il faut savoir qu'un chien peut sentir « l'odeur » d'une chienne en chaleur à plus d'1 kilomètre ! Tracez dans votre tête un cercle d'1 kilomètre autour de votre domicile et réfléchissez au nombre de chiennes qui vivent dans ce périmètre et vous mesurerez l'ampleur de la situation !

Et les chiennes n'étant pas toutes en chaleur en même temps, il y a régulièrement des femelles très attirantes dans les environs, d'où les escapades répétées de votre chien. Si elles sont trop fréquentes, songez éventuellement à la castration qui calmera ses ardeurs ou du moins l'empêchera de multiplier les chiots.

Le manque d'exercice

Beaucoup de chiens n'ont pas suffisamment de sorties. Rappelons que même ceux qui ont la chance de vivre en pavillon doivent sortir régulièrement. Ces sorties, outre l'exercice physique qu'elles procurent, permettent au chien de se sociabiliser ou d'entretenir cette sociabilité.

Fugue et absence de rappel

Si votre chien se sauve en promenade ou lorsque vous ouvrez le portail de la maison, et ce malgré l'ordre du rappel, cela signifie que vous n'avez pas de contrôle sur votre animal et que ce dernier n'obéit notamment pas au rappel (voir pp. 35-37).

Si votre chien cherche à tout prix à sortir de votre jardin en passant sous, sur ou à travers des clôtures, il est fugueur.

Voici l'occasion de revenir sur une idée fausse qui a la vie dure : ce n'est pas parce qu'on vit en appartement qu'on est un mauvais maître ; de la même façon, on n'est pas forcément un bon maître sous prétexte qu'on vit dans une maison. En effet, la plupart des chiens vivant en appartement sont sortis convenablement (en nombre et en durée de promenades) par leur propriétaire. À l'inverse, un certain nombre de chiens vivant en pavillon ne sortent pas à l'extérieur sous prétexte qu'ils disposent d'un jardin. Et, comme nous venons de le voir, cela est préjudiciable à leur sociabilité.

Parmi les chiens qui sortent normalement plusieurs fois par jour, il faut encore distinguer ceux qui feront l'intégralité de leur promenade en laisse ou en longe. Si c'est une sage précaution avant que le chien ne soit éduqué au rappel, c'est une situation bien triste quand elle perdure tout au long de la vie du chien. En effet, même si le maître est particulièrement sportif, le chien ne sera pas libre de se promener comme bon lui semble, de s'arrêter pour sentir une odeur – c'est un passe-temps que les chiens adorent – ou de marquer son passage à sa guise. Un conseil : travaillez très sérieusement le rappel pour pouvoir lâcher votre chien dans les endroits adéquats.

La clôture, un élément important

En cas de fugue, les deux premières questions à se poser sont les suivantes : par où sort le chien ? comment est la clôture (matériaux et hauteur) ? Très souvent, les clôtures sont inexistantes, trop basses ou pleines de trous. S'il n'y a pas de clôture, il n'y a pas de fugue ; en effet, le chien avance et quitte les limites de la maison sans même s'en rendre compte.

Précisons toutefois que les promenades ne sont que rarement la solution à ce problème : si votre chien récemment adopté est très fatigué après 1 heure de sortie au début, bientôt 2 heures ne lui feront plus peur et ainsi de suite au fur et à mesure qu'il gagnera en endurance.

Si votre chien se sent bien chez vous, le risque de fugue est moindre.

Comme il n'est pas possible de passer ses journées entières à se promener, il faut coupler ces sorties, qui permettent au chien de se sentir bien et, rappelons-le, d'entretenir sa sociabilité, avec des activités qui stimulent son intellect à la maison (voir pp. 76-77).

La faim

Il s'agit plutôt de gourmandise, car heureusement la plupart des chiens sont suffisamment nourris. En effet, le chien peut partir à la recherche d'un petit supplément sous forme d'os, de restes de poubelles, voire d'oiseaux et de rongeurs pour les plus chasseurs.

Si le chien reçoit une dose correcte d'aliments et s'il ne s'agit que de gourmandise, la solution peut être de distribuer les repas à des heures variables : le chien, ne sachant plus quelle est l'heure de son repas, restera plus facilement à la maison pour ne pas risquer de le rater.

Pour ces chiens voraces, le jeu de la recherche de nourriture est particulièrement approprié :
- soit vous lancez à la volée des croquettes dans le jardin, puis vous incitez votre chien à partir à leur recherche ;
- soit vous répartissez sa dose dans plusieurs petits récipients que vous dissimulez dans l'appartement avant de l'envoyer de la même façon à leur recherche.

Votre chien est triplement heureux : il joue, il s'occupe et il se nourrit ! Et, bon point pour vous, il se fatigue !

Il détruit tout

Vous rentrez chez vous en tremblant à l'idée de ce que vous aller découvrir en ouvrant la porte ? Vous ouvrez et là c'est le capharnaüm, vous avez l'impression d'avoir été cambriolé. En fait, le coupable est encore sur les lieux, il est assis devant vous, vous fixant droit dans les yeux à tenter de comprendre pourquoi vous avez l'air contrarié…

La nature des destructions

• Les destructions en l'absence du maître

La première cause de destructions est de très loin le jeune âge des chiens. Une fois adultes, la plupart deviennent beaucoup plus sages, mais ce n'est pas toujours le cas. Il faut alors comprendre pourquoi votre chien fait des dégâts en votre absence. Une nouvelle fois, attention à ne pas chercher à traiter les conséquences sans savoir quelles en sont les causes. En général, l'ennui, l'insuffisance de dépenses physiques ou le stress sont les responsables de ces actes de destruction.

La nature et la localisation des destructions peuvent vous aider à comprendre les causes de ce comportement. Par exemple, un chien qui attaque frénétiquement les encadrements de portes ou de fenêtres supporte mal d'être seul ou enfermé. Un compagnon pourrait l'aider à mieux supporter vos absences ou laissez-le dans le jardin si vous en avez un.

Un chien qui ne s'en prend qu'aux affaires de sa maîtresse et jamais à celles de son maître ou des enfants a sûrement un problème relationnel avec sa propriétaire : hyperattachement ou, au contraire, mauvaise relation.

Dans ce type de situation, l'aide d'un professionnel est souvent bénéfique. Faites appel à un éducateur canin professionnel qui viendra à votre domicile afin de constater les dégâts, mais aussi et surtout afin de voir l'attitude du chien dans son lieu de vie, quels types de relations vous entretenez avec votre animal… En fonction de ses observations, il pourra vous conseiller au mieux.

• Les destructions en présence du maître

Il faut distinguer deux cas :

– Le maître quitte la pièce et se rend à l'étage, la cave ou le jardin : cette situation peut être assimilée à de l'absence. Il existe des solutions simples pour y remédier : laisser le moins de choses à sa portée, lui laisser de quoi s'occuper, le fatiguer (voir p. 80).

– Le chien détruit un objet devant son maître : dans ce cas, heureusement rare, l'animal indique clairement à son maître que leurs relations sont mauvaises. L'intervention d'un professionnel est alors fortement recommandée, car c'est l'ensemble des interactions entre le maître et son chien qu'il va falloir réexaminer et potentiellement modifier.

Des objets mis hors de portée

Rangez aussi les affaires du petit dernier !

Ne laissez à portée de votre chien que des objets qu'il peut détruire si bon lui semble ou du moins avec lesquels il peut s'occuper (ses jouets). Sachez qu'un chien motivé se dressera sur les pattes arrière pour aller chercher ce qui l'intéresse : cela signifie que, pour un chien de grande taille, peu d'endroits lui sont réellement inaccessibles.

De la dépense physique

Un chien qui dépense son énergie en course fait souvent moins de bêtises une fois seul. Attention,

comme nous vous l'avons déjà dit, plus votre chien fait de l'exercice, plus il doit en faire pour se sentir fatigué et plus il est important qu'il ait au moins sa dose minimum pour se sentir bien.

Le saviez-vous ?

Si vous avez un chien qui détruit tout, vous devrez faire preuve de patience mais aussi de beaucoup d'amour pour le supporter au moins le temps que les choses rentrent dans l'ordre.
Même en respectant les conseils donnés ici, le chien continue parfois de n'en faire qu'à sa tête et puis, un jour, sans que l'on sache pourquoi il arrête de faire des dégâts et reste sagement à la maison attendant votre retour. Pourquoi ? Difficile de répondre, mais je l'ai vécu suffisamment de fois pour toujours dire au propriétaire qui subit un tel chien de garder espoir.

Des relations affectives parfois trop fortes

Interrogez-vous sur la nature des relations que vous avez avec votre compagnon. En effet, le chien tient une place de plus en plus grande dans nos vies au point, parfois, de conduire l'animal à une détresse affective en cas d'éloignement du maître, détresse pouvant se traduire par des destructions. L'animal souffre et le maître paie le prix fort à travers les objets détruits. Il ne s'agit pas de ne plus avoir de contacts, mais ceux-ci doivent rester dans des limites raisonnables et ne pas entraîner de dépendance. Par exemple, lorsque vous partez et revenez, prenez un air détaché. Vous avez encore le droit de jouer avec lui ou de lui faire des câlins mais sans excès et plutôt à votre initiative.

La crèche

Certaines villes de France, à l'instar de ce qui existe depuis longtemps aux États-Unis, ont vu s'installer ces dernières années des crèches pour chiens. La différence entre une crèche et une pension traditionnelle est que la première n'accueille les chiens que dans la journée alors que le maître est au travail ou en déplacement. Le chien y côtoie des congénères et le personnel est aux petits soins pour lui. L'animal rentre le soir à la maison, heureux de retrouver ses maîtres et souvent éreinté de sa journée de jeux.

Les promeneurs

Pour les maîtres trop occupés mais qui souhaitent tout de même que leur chien profite au maximum de sa journée, notamment en courant à l'extérieur, les promeneurs pour chiens peuvent être une bonne solution. Là aussi, c'est une profession intégrée et reconnue depuis très longtemps dans les pays anglo-saxons, mais qui peine malheureusement à s'implanter chez nous malgré son utilité évidente.

Il faut alors trouver le bon promeneur, car vous lui confiez votre chien et il devra le gérer, tout en s'occupant également des autres chiens de sa tournée.

Il est **peureux**

La peur est une émotion naturelle et vitale. C'est elle qui nous empêche d'aller courir sur un toit ou au milieu de l'autoroute. Ce n'est donc pas une maladie qu'il faudrait combattre, mais une émotion qui peut devenir gênante lorsqu'elle prend des proportions exagérées.

Un problème sérieux

On doit s'occuper d'un chien peureux pour deux raisons :
– Il peut facilement se révéler agressif, notamment s'il se sent acculé. Qui plus est, la morsure d'un chien peureux peut avoir de graves conséquences puisque, sous le coup de la peur, le chien se maîtrise moins et peut donc provoquer des blessures plus sévères qu'il ne le voudrait.
– Un chien peureux est malheureux : il est particulièrement inconfortable de vivre en permanence avec un stress défini ou non.
La peur est un mal de notre temps et de plus en plus de chiens présentent des comportements de peur.
Par ailleurs, la peur est une émotion utile et vitale qui demande une réponse rapide, faute de quoi le sujet risque de basculer vers :
– L'angoisse : peur qui dure, sachant que cette angoisse peut être sans « objet » identifié. L'angoisse peut s'accompagner de troubles physiques (palpitations, diarrhée...).
– La frayeur : peur soudaine et passagère causée par un danger réel ou supposé.
– L'anxiété : vive inquiétude née de l'incertitude d'une situation ou de l'appréhension d'un événement.
– La crainte : peur identifiée.
– La phobie : aversion très vive, peur instinctive.
– La terreur : peur violente et souvent paralysante.

Le saviez-vous ?

Que n'obtient-on pas avec une friandise ! Parfois, dans un premier temps, le chien refuse de prendre ou de manger votre friandise dans les situations qui lui font peur. Insistez, quitte à lui mettre la croquette dans la gueule. Il la recrachera sans doute mais, au fil des tentatives, il finira par l'avaler avant enfin de venir la saisir dans votre main. C'est gagné !

De quoi a-t-il peur ?

Comme nous, les chiens ont peur de l'inconnu. Un chien n'ayant été en contact dans sa jeunesse qu'avec des femmes ou des hommes aura, au mieux, une réserve, au pire une vraie crainte des personnes de l'autre sexe. Même chose s'il n'a pas rencontré d'enfant ou s'il a été élevé dans un environnement rural pour finalement vivre en ville. Les bruits, la foule, la circulation, tout lui sera inconnu et risquera de l'apeurer.

Nous avons également peur de ce que nous connaissons mais qui nous a laissé un mauvais souvenir. Ainsi, un chien peut adorer les enfants, il en a connu tout petit et vit avec depuis toujours, mais imaginons que son maître, souhaitant former les enfants de sa commune, l'emmène faire une démonstration, mal préparée, à l'école du village : sagement assis dans la cour au pied de son maître, le chien voit arriver tous les enfants qui crient, gesticulent et se précipitent sur lui. On ne pourra pas dire qu'il n'a pas été stimulé et n'a pas rencontré d'enfants, mais il n'est pas sûr qu'il quittera l'école en les appréciant autant qu'à son arrivée. Autre exemple : un chien habitué à être frappé avec un balai connaît et reconnaît cet objet au point de le fuir dès que quelqu'un le prend en main.

Que faire ?

Proposez à votre chien un maximum de bonnes stimulations. Ainsi, il doit rencontrer d'autres êtres vivants (humains, congénères, chats...) et être confronté à des situations diverses et variées : marché, rue, gare, centre équestre...

À chaque fois, prenez soin de l'état émotionnel de votre chien. Contrairement à ce que disent certains spécialistes, je ne crois pas qu'il faille rechercher la disparition du stress, celui-ci étant omniprésent et inhérent à nos vies, mais il faut le réduire à des proportions raisonnables et surtout apprendre à le gérer.

Durant ce travail, l'attitude du maître est primordiale. Vous devez combiner deux qualités : la patience et le contrôle de vous-même. Rééduquer un chien peureux prend souvent plusieurs semaines, voire plusieurs mois en fonction de son degré de peur. Mieux vaut donc vous armer de patience pour ne pas risquer d'abandonner avant la fin de la rééducation. Il vous faudra durant toute cette période faire montre d'un comportement exemplaire en matière de calme et de sérénité. En effet, votre chien va en bonne partie calquer son comportement sur le vôtre, d'où l'intérêt de lui montrer une attitude sereine et décontractée. Cela ne signifie pas que vous ne devez pas vous fâcher si cela est nécessaire : on cherche à lui enseigner comment gérer son stress et non à lui faire croire qu'il vit dans un monde féerique. En revanche, vous devez faire particulièrement attention à l'intensité de votre sanction, sachant que, pour un chien peureux, élever le ton de la voix suffit en général à lui faire comprendre qu'il a mal fait, c'est peut-être un des seuls points positifs à son état actuel.

Une porte de sortie

Le risque de morsure lorsqu'on est face à un chien peureux est réel et démultiplié si le chien se sent «piégé» : il suffit qu'il ait cette impression pour que vous soyez en «danger».

La solution est simple, laissez-lui une porte de sortie et soyez (presque) sûr qu'il l'empruntera. Attention : si cette «porte» est étroite, certains chiens donnent un petit coup de dent au passage par précaution. Et si vous avez acculé le chien dans le but de l'attraper, attendez-vous à un baroud d'honneur de sa part au moment où vous lui passerez la laisse.

Fleurs de Bach et homéopathie

Ces deux solutions peuvent compléter un travail de rééducation sur des chiens peureux avec un minimum d'effets secondaires. Pour utiliser ces produits, nous vous conseillons de faire appel à des personnes ayant suivi les formations correspondantes.

Il est agressif

Agresser consiste à porter atteinte à l'intégrité physique ou psychique d'un autre être vivant. De par son caractère dangereux, l'agression d'un chien est un comportement qui déclenche chez l'être humain des réactions parfois disproportionnées.

Pourquoi mord-il ?

Il existe une douzaine de raisons pouvant pousser un chien à mordre :

• La peur

Un chien peureux peut mordre s'il se sent acculé ou mal manipulé. Ce type d'agression engendre des morsures sévères, par manque de contrôle du chien (voir pp. 82-83).

• La douleur (agression par irritation)

Le chien, comme l'être humain, a beaucoup de mal à ne pas réagir lorsqu'il éprouve une douleur. Ainsi, imaginons qu'une personne marche sur votre pied : vous commencez par dire « Excusez-moi, vous êtes sur mon pied. », mais très vite, si le poids sur votre pied est lourd, vous tentez de vous dégager. Le chien n'agira pas autrement et après un grognement signifiant « J'ai mal, il faut que cela s'arrête ! », il passera à l'acte en utilisant les moyens à sa disposition, notamment sa gueule.

• Une ressource

Vous êtes la principale ressource pour votre chien, mais une balle, un bâton, une croquette, une bouteille vide ou un compagnon de jeu sont aussi des ressources et, en fonction de la valeur qu'il leur attribue, le chien peut choisir de les défendre ou d'agresser pour les acquérir.

• Le franchissement de la distance critique

Toujours comme pour les êtres humains, chaque individu a une distance qui lui est propre en deçà de laquelle il ne sent pas à l'aise. Le franchissement de cette limite par des individus « non reconnus » ou par quiconque dans des circonstances spéciales entraîne soit la fuite du sujet, soit une agression en cas d'impossibilité de se soustraire.

• L'instrumentalisation de la morsure

Le chien qui a compris tout le bénéfice qu'il pouvait y avoir à mordre le fait de plus en plus souvent, de plus en plus fort, sans prendre la peine de menacer. Ce type de morsure est grave, car non seulement elle devient fréquente chez le chien qui s'y prête mais elle n'est plus précédée des signaux permettant de l'anticiper. Ce type de comportement est dû en bonne partie à une mauvaise attitude des propriétaires et demandera toujours l'intervention d'un éducateur canin.

- **L'instinct de prédation**

Ce type de morsure fait appel aux formidables capacités de poursuite et de capture du chien. Malheureusement, il ne s'exerce pas uniquement contre le gibier mais aussi contre les vélos, les joggeurs… Cette réaction innée du chien – courir après quelque chose qui se met en mouvement – peut être maîtrisée en travaillant le rappel et les blocages (voir pp. 35-37 et 51-53).

- **L'instinct maternel**

Une mère défend ses petits, et c'est naturel. Si le propriétaire a établi une saine relation avec sa chienne, elle le laissera rapidement approcher des chiots, mais il faut avoir son accord.

- **La hiérarchie**

Intervenant entre chiens de même sexe, ces agressions sont plus fréquentes entre mâles, mais sont moins graves que chez les femelles.

- **L'agression redirigée**

Imaginez que votre chien n'aime pas les chats et que vous vous trouvez dans une rue pleine de chats. Votre chien tire, aboie, s'énerve tandis que vous faites de même, vous tirez, vous criez et vous vous énervez. En fonction de son tempérament et à cause de l'excitation mêlée de frustration, votre animal peut se retourner contre la personne la plus proche, donc vous. La meilleure solution consiste à vous éloigner en appelant votre chien afin de faire baisser la tension.

- **Un problème de santé**

Nombre d'agressions qualifiées dans un premier temps d'inexplicables sont en fait provoquées par une douleur, une maladie (tumeur au cerveau, attaques d'épilepsie…). En cas de doute, il est recommandé de consulter un vétérinaire avant d'entamer un processus de rééducation, afin d'éliminer les causes physiques possibles.

- **La morsure sur commande**

Si elle ne fait pas partie du répertoire naturel du chien, elle n'en existe pas moins. Sur commande ou dans une situation que le chien a apprise, celui-ci réagit en agressant la personne ayant un différend avec son maître. Attention, ce type d'activité (entraînement au mordant) est fortement encadré par le législateur et puni sévèrement en cas d'infraction.

- **La morsure inexpliquée et non inexplicable**

Il arrive que l'on ne comprenne pas pourquoi un chien a mordu, mais cela ne signifie pas qu'il l'ait fait sans raison.

L'intervention d'un professionnel

L'agressivité est un problème si complexe qu'il est difficile pour un propriétaire de le résoudre seul.

Le saviez-vous ?

En cas de morsure, il faut étudier les circonstances de l'agression mais aussi et surtout ses conséquences : la morsure a-t-elle nécessité des points de suture ? A-t-elle été multiple ?… Heureusement, la plupart des chiens ont acquis dans leur enfance la morsure inhibée et sont donc capables de contrôler leur morsure et de mordre sans conséquence. Certaines agressions doivent ainsi être prises pour des avertissements.

C'est la raison pour laquelle il est conseillé de faire appel à un éducateur canin ou à un vétérinaire comportementaliste. De votre côté, sachez qu'un chien agressif n'a pas besoin d'être frappé pour reprendre confiance en l'être humain. Privilégiez les techniques faisant appel aux récompenses et autres renforcements positifs. Même si leur mise en place se révèle un peu plus longue (ce qui reste à prouver), leur supériorité et leur efficacité dans la durée sont certaines.

Un calcul préventif assez simple

Tracez une première ligne valant 0 puis une seconde au-dessus valant 20. Posez sur la première ligne des cubes correspondant à ce que votre chien n'aime pas : moins il aime et plus le cube est haut. Par exemple (hauteur du cube) : hommes (7), bruits (5), bâtons (5), nourriture inatteignable (3), enfants qui courent (3), dérangement sur son lieu de vie (11), autres chiens (2), chats (10).
Maintenant, prenons la situation suivante et notez de la même façon ce que votre chien n'aime pas : à l'occasion d'un match de rugby, vous invitez quelques amis (7). Autour du poste, vous faites du bruit (7 + 5 = 12). Un ami a apporté un drapeau, dont le manche rappelle un bâton à votre chien (12 + 5 = 17). Vous ne vous êtes pas réunis chez vous (11) mais au bar bruyant d'à côté qui vous sert des amuse-gueules (17 + 3 = 20). Enfin, un ami vous rejoint avec son enfant qui court autour de la table (20 + 3 = 23). Résultat : ayant dépassé la ligne valant 20, votre chien mord l'enfant. La faute ne revient ni au chien, ni à l'enfant, ni aux bruits, mais à l'accumulation des éléments à risque, pourtant faibles pris séparément.
Durant l'année qui s'écoule ensuite, si vous faites travailler votre chien avec des hommes, le faites manger près de bâtons, l'emmenez dans la rue aux heures des récréations de l'école locale…, vous pourrez réunir vos amis un an plus tard et si vous n'avez gagné ne serait-ce qu'un point par cube, votre nouveau total sera de 23 – 5 = 17, donc en dessous de la ligne valant 20 (et donc la morsure). La situation est délicate mais envisageable si vous ne laissez pas votre chien et l'enfant côte à côte durant tout le match.

La responsabilité d'une morsure est rarement unique, comme ses causes. Les torts sont partagés et chacun doit prendre la part qui lui incombe pour le bien de tous à l'avenir. C'est pourquoi il est vraiment important de bien analyser la situation et de rechercher l'origine de cette agressivité.

Pas de punition

Si votre chien se met à grogner, il est déconseillé de le punir. En effet, le comportement normal d'un chien comporte trois phases :
– Une phase dite « appétitive » ou de préparation (ici : la menace).
– Une phase de consommation (ici : la morsure).
– Une phase d'apaisement (souvent un petit coup de langue après la morsure).

La première de ces trois étapes a un but très précis : être suffisamment dissuasive pour ne pas à avoir à passer à la deuxième (mordre). Le cap ne sera franchi qu'en cas de non-respect de l'avertissement. Si vous sanctionnez votre chien qui grogne ou retrousse les babines, vous lui apprendrez à ne plus grogner ou retrousser les babines, mais pas à ne plus mordre. Résultat : il ne vous avertira plus de son intention de passer à l'acte. La solution consiste à tenir compte de l'avertissement afin de réussir à désamorcer la situation : donnez un peu de mou à la laisse ou laissez-lui un passage, et écartez-vous de ce qui le pousse à être agressif. En agissant ainsi, vous ne provoquez pas votre compagnon et lui laissez le loisir de grogner la fois prochaine.

Il ne cesse de voler

Chez le chien, les notions de bien et de mal telles que nous les entendons n'existent pas. Il y a ce qu'il a envie de faire et ce qui peut lui apporter quelque chose d'agréable ou de désagréable. Lorsqu'il se saisit d'un rôti sur la table, il ne pense pas faire quelque chose de mal. Son raisonnement peut être traduit de cette manière : « Mes maîtres ont posé le rôti sur la table et sont partis ; cela signifie qu'ils n'en veulent pas et je peux donc prendre ma part. »

En votre présence

Normalement, en votre présence, votre chien ne tente pas de prendre quoi que ce soit. Sinon il vous suffit de dire « Non ! », « Pas toucher ! » ou « Laisse ! ». Utilisez le mot que vous employez lorsque vous travaillez le refus d'appât (voir pp. 49-50).

En cas d'absences de courte durée

Vous pouvez, pour de courtes périodes (quelques minutes), donner le même ordre avant de partir. En cas de fortes tentations (viande, charcuterie, fromage...), je vous conseille de très courtes absences pour débuter, voire de disposer un miroir au niveau de la porte qui vous permettra de garder un œil sur votre chien alors que vous resterez invisible. Dès que celui-ci fait mine de s'approcher de la table et de l'aliment, prenez une grosse voix et dites : « Eh alors, j'ai dit : laisse ! ». En général, le chien recule, tout piteux d'être pris sur le fait, se demandant bien comment vous pouvez le voir alors qu'il ne vous voit pas. Renouvelez l'expérience autant de fois que nécessaire en augmentant les critères de durée et de tentation (plat plus appétent et placé plus près du bord de la table).

En cas d'absences de longue durée

Pour de longues périodes, à partir de 10 minutes et plus (pour la nuit, par exemple), ne comptez pas sur votre autorité – qui diminue au fil du temps – ni sur sa bonne volonté – qui, elle aussi, s'estompe avec les heures qui passent. La meilleure solution est de ranger simplement les choses qui se mangent ou qui intéressent votre chien. Ne croyez pas que seules la viande et la charcuterie tentent le chien, certains s'en prennent aux papiers, d'autres aux télécommandes, téléphones portables ou bien lunettes, bref tout ce que vous pouvez laisser sur une table ou un meuble (voir pp. 79 à 81). L'apprentissage est alors le même.

Il saute sur les gens

Suivant la taille de votre chien, la situation est appréciée différemment. S'il s'agit d'un petit chien dont les pattes avant ne dépassent pas vos genoux, vous aurez tendance à sourire devant ses assauts pour se faire remarquer. S'il s'agit d'un Leonberg mesurant 80 cm au garrot et pesant 88 kilos, vous serez nettement moins détendu !

Votre chien saute sur vous

À partir du moment où vous aurez appris à votre chien à ne plus sauter sur vous, il devrait avoir moins tendance à le faire sur les autres personnes. Vous avez à votre disposition des méthodes musclées et des méthodes douces.

- **Les méthodes musclées**

Au moment où votre chien saute, dites « Pas sauter ! », « Terre ! » ou « Non ! », et placez vos genoux devant votre animal. Ce dernier va alors venir se cogner contre vos genoux. Cela n'étant pas agréable, il y a peu de chances qu'il recommence. Autre possibilité : ayant anticipé, vous tenez votre laisse pliée en deux (mousqueton dans la main pour ne pas le blesser). Toujours au moment où votre chien saute, donnez votre ordre et, dans le même temps, abattez votre laisse sur lui. L'expérience sera là encore considérée comme désagréable par votre chien qui évitera de reproduire ce

Ceci peut être dangereux sur une personne âgée ou faible.

Il faut apprendre au chien comment aborder les gens dans la rue.

comportement puisqu'il entraîne ce type de réponse.

- **La méthode douce**

Jouez l'extinction et ne réagissez donc pas : ne touchez pas votre chien, même pour le repousser ; ne lui parlez pas, même pour lui dire non ; ne le regardez pas, au moins chaque fois qu'il vous regarde et cherche votre attention.

Si vous choisissez cette méthode, vous devez savoir deux choses : cela fonctionne vite et bien. En revanche, vous ne pouvez plus revenir en arrière au risque de renforcer votre chien : vous rentrez chez vous et laissez votre chien vous sauter dessus. Mais après 5 longues minutes, il saute toujours et déchire votre chemise. Si vous réagissez (peu importe comment), vous ne jouez pas l'extinction mais le renforcement puisque vous montrez à votre chien qu'il devait sauter au moins 5 minutes pour arriver à ses fins. Soyez assuré que la prochaine fois il tiendra au moins ce délai.

Il saute sur les autres personnes

- **La méthode musclée**

Tenez votre chien en laisse. Laissez-le s'approcher des personnes et, au moment où il saute, tirez la laisse en arrière et vers le bas, tout en donnant votre ordre. Bien réalisée, cette méthode fonctionne en deux ou trois fois, pour la grande majorité des chiens.

- **La méthode douce**

Comme le dit le vétérinaire-éducateur Ian Dunbar, « Imaginez tout ce qu'un chien ne peut pas faire lorsqu'il est assis, dans cette longue liste vous trouverez : sauter. » L'idée est donc de travailler l'ordre « Assis ! » (voir pp. 29-31) afin que votre chien soit impeccable en toutes circonstances : en présence de personnes connues ou inconnues, il s'assoit, remue la queue lorsqu'il est caressé, mais reste sagement assis.

Les troubles liés à l'alimentation

Beaucoup de croyances circulent autour des repas du chien qui seraient une occasion rêvée d'imposer son statut hiérarchique. Il n'en est rien, et je conseille une fois leur repas servi de les laisser manger en paix.

Le saviez-vous ?

Dans une meute de loups, le loup alpha mange en premier, puis il surveille et contrôle que le reste de la meute mange dans un calme relatif. Il a pris son temps pour manger les meilleurs morceaux mais, une fois qu'il a fini, il ne revient pas pour chasser les dominés. La meute ne peut pas se permettre en effet d'avoir des individus à charge incapables de chasser ou de défendre le territoire.
De la même façon, imaginez ce que comprendrait votre chien si vous repreniez sa gamelle alors que vous venez de la lui donner ? Vous n'imposerez pas votre statut hiérarchique ainsi ; en revanche, votre chien se méfiera de vous. Aussi, donnez-lui à manger pour un temps donné et respectez son repas durant ces quelques minutes : ne le dérangez pas.

Les chiens agressifs à la gamelle

Reportez-vous en pages 84 à 86 et demandez l'aide d'un éducateur canin professionnel.

Les chiens voleurs

Reportez-vous en page 87.

Les chiens « goinfres »

Ces chiens se jettent littéralement sur leur gamelle avant même qu'elle n'ait touché le sol. Deux solutions s'offrent alors à vous :

– Apprenez à votre chien à prendre une position à quelques mètres de là, et autorisez-le à ne venir qu'à votre commandement.

– Disposez dans la gamelle une grosse pierre au milieu de sa nourriture – au moins la taille d'un pamplemousse pour éviter qu'il ne l'avale. Posez la gamelle au sol. Après une première surprise, il devra de toute façon manger en tournant autour de la pierre, ce qui ralentira son rythme d'absorption.

Les chiens qui ont du mal à manger

Testez un autre type d'alimentation (autres croquettes, alimentation fraîche…). S'il persiste à faire le difficile, choisissez pour lui ce qui vous semble le mieux et imposez un temps donné pour manger, entre 5 et 10 minutes maximum. Puis retirez la gamelle et soyez sûr de deux choses : il ne se laissera pas mourir de faim et, après quelques repas sautés, il mangera et finira sa gamelle dans le temps imparti.

Il est **associable**

Le chien fait partie d'une espèce sociable ; c'est un animal grégaire au point que la plupart vivent mal la solitude ou simplement le manque de contact. Cependant, certains chiens sont malgré tout prêts à se battre à la moindre occasion, voire carrément sans motif.

Un manque de contacts ou de mauvaises expériences

Une nouvelle fois, c'est l'absence de contacts ou des expériences malheureuses qui conduisent le plus souvent ces chiens à se comporter ainsi.

L'apprentissage sera long et délicat avec un chien véritablement associable, notamment parce que ce travail nécessite des interactions avec des congénères qui risquent de se faire mordre. Heureusement, ces chiens sont rares.

La taille n'a rien à voir avec le caractère !

Vous êtes responsable de votre chien.

Apprenez-lui à traverser une rue en sécurité, même en liberté

Apprenez à votre chien à stopper au bord du trottoir et par la même occasion à s'asseoir (voir pp. 29 à 31). Cette étape maîtrisée, tout le travail consiste à lui apprendre comment traverser et à y adjoindre une double sécurité. Redémarrez sans rien dire : votre chien va vous suivre. Reprenez-le et replacez-le assis sur le trottoir. Recommencez jusqu'à ce qu'il ne bouge plus à votre départ.

Puis une fois sur la chaussée en bout de laisse, dites-lui de venir ou donnez votre ordre de libération dès qu'il fait mine de vous rejoindre : remettez-le alors en place sans ménagement, il en va de sa vie. En fait, votre chien a fait deux mauvaises supputations : « Je peux bouger quand mon maître bouge ou bien quand il m'appelle. » La bonne solution est la suivante : votre chien ne doit se remettre en marche que si vous lui en donnez l'ordre et que vous êtes à côté de lui.

devient quasi impossible tant il demande de prudence et d'attention de votre part.

Nous venons de voir que la laisse détendue était sans doute préférable à une « pseudo » liberté, mais, dans le même temps, la laisse peut fausser et dégrader les rapports entre congénères.

Un conseil : commencez par promener votre chien dans des quartiers calmes et habituez-le à tous les types de rencontres.

Les moyens de transport

Dans notre monde moderne, les déplacements sont devenus monnaie courante et les chiens domestiques, qui vivaient en permanence dans la demeure, accompagnent désormais leurs maîtres partout, utilisant les mêmes moyens de transports.

La voiture

Dans leur grande majorité, les chiens montent sans souci dans les voitures ; dans ce cas, votre seul travail consistera à apprendre à votre chien à se tenir à une place donnée et à ne pas descendre de voiture avant d'en avoir reçu l'ordre.

• Il doit rester à sa place

Il est important, quelle que soit la taille de votre chien, que celui-ci reste à sa place durant le déplacement, car un chien, si petit soit-il, qui saute sur les genoux ou se précipite dans les pieds de son maître au volant peut provoquer un accident, sans parler de contravention. À ce sujet, la loi est claire : le chien doit être installé de façon à ne pas représenter un danger en cas de choc, notamment ne pas devenir un projectile. Vous devez donc utiliser un système adapté pour lui faire garder sa place. Je vous conseille plutôt les ceintures de sécurité, couplées à un harnais, système de loin le plus fiable tout en étant un des moins onéreux et un des moins encombrants.

Dans le même ordre d'idée, n'oubliez pas non plus qu'en cas d'accident si les secours se retrouvent face à un chien qui grogne ou est agressif, ils ne chercheront pas à l'amadouer, leur priorité est l'être humain et il est hors de question de le mettre en danger à cause d'un animal. Si votre chien est attaché ou, mieux encore, dans une caisse de transport, il aura sans doute été protégé durant l'accident et ne gênera pas les secours.

• Il ne doit pas descendre de la voiture sans votre autorisation

Vous devez aussi penser que votre compagnon ne doit pas se mettre en danger ou provoquer d'accident en quittant votre véhicule sans autorisation. Travaillez les fixations (voir pp. 45-48). Augmentez encore leur efficacité avec l'astuce suivante : lorsque vous ouvrez la porte, avant qu'elle ne le soit entièrement, commandez « Reste là ! », finissez d'ouvrir la porte, attendez plus ou moins longtemps et dites « Viens ! » ou bien « Descends ! ». Toutefois, si vous procédez toujours ainsi, vous allez condition-

Attendre l'ordre avant de descendre de la voiture peut parfois sauver la vie du chien.

ner votre chien à être prêt à bondir en permanence. Afin d'éviter cette situation, il vous suffit une fois sur cinq d'entrouvrir la porte, de commander « Reste là ! », de finir d'ouvrir la porte, d'attendre un peu puis de refermer la porte, sans l'avoir laissé descendre. Ainsi, quand vous ouvrez la porte, il ne saura pas si c'est pour qu'il descende ou pour une autre raison, mais une chose est sûre, il ne sera pas sur le qui-vive.

• Il a peur de la voiture

Prenons le pire des cas : votre chien tremble rien qu'à la vue de votre voiture.

1. Commencez par le faire jouer à distance, puis donnez-lui à manger ou faites-lui exécuter quelques exercices d'obéissance près de votre véhicule. Diminuez la distance chaque jour.

2. Une fois que votre compagnon peut s'approcher et faire le tour du véhicule sans stress, passez à l'étape suivante : ouvrez une portière ou le coffre et incitez-le à monter. Soyez patient, faites preuve de beaucoup de douceur et de persuasion. Tirez si besoin légèrement sur la laisse.

3. Une fois dans le véhicule, félicitez-le très chaleureusement pour l'exploit qu'il vient d'accomplir et laissez-le redescendre aussitôt.

4. Répétez cette étape autant de fois que nécessaire jusqu'à ce qu'il grimpe sans problème. Après 10 montées « faciles », fermez la porte quelques instants, puis ouvrez-la et laissez votre chien redescendre.

5. Augmentez progressivement le temps dans le véhicule.

6. Un autre jour, mettez le moteur en marche, mais restez sur place.

7. Plus tard, faites quelques mètres et laissez-le redescendre.

8. Effectuez de nombreux mini-parcours (quelques minutes), puis laissez votre chien descendre et jouez avec lui ou donnez-lui sa gamelle, puis ramenez-le à la maison à pied. Une autre personne est chargée de rapporter la voiture chez vous ou bien vous viendrez la récupérer plus tard.

Cette méthode en pas à pas a fait ses preuves, mais soyez méticuleux dans sa mise en place et bientôt votre chien se fera une joie de vous suivre dans tous vos déplacements automobiles.

Le train

Les principaux conseils sont propreté, calme, sociabilité et port de la muselière :

– Votre compagnon doit avoir fait tous ses besoins avant de partir.
– Travaillez les fixations (voir pp. 45-48), afin que votre chien sache rester en place durant plusieurs heures d'affilée.
– Profitez des arrêts, même brefs, pour qu'il se dégourdisse les pattes.
– Plus votre chien est sociable, mieux c'est, mais sachez qu'en matière de transport ferroviaire tout dépend des autres passagers et du contrôleur qui peuvent exiger que vous mettiez une muselière à votre animal. Dans ce cas, mieux vaut en avoir une avec vous et que votre chien soit habitué à la porter. Dans le cas contraire, on pourrait vous demander de voyager entre deux wagons, voire de quitter le train.

L'avion

Jusqu'à 5 kilos, votre chien peut voyager en cabine avec vous ; là encore, discrétion, propreté et respect des autres voyageurs sont de mise. Au-delà de ce poids, votre compagnon n'aura d'autre choix que de faire le vol en soute. Ce sont toujours des conditions délicates et nous vous conseillons d'y avoir recours seulement en cas d'absolue nécessité. Si vous n'avez pas d'autre choix, accoutumez-le auparavant à être dans une caisse de transport. Certains préconisent de donner des calmants au chien, mais cela n'est pas anodin : prenez conseil auprès de votre vétérinaire.

Petite astuce, ajoutez un fond en bois ajouré à la caisse de transport : si votre chien fait pipi, l'urine passera ainsi en dessous et votre chien restera sec et propre.

Cependant, un conseil : ne l'emmenez avec vous en avion qu'en cas d'absolue nécessité.

Le bateau

Distinguons les gros navires, où un règlement vous sera fourni avant le départ, et la sortie sur un petit bateau. Notre seul conseil pourrait être : êtes-vous obligé d'emmener votre compagnon ou ne serait-il pas mieux à terre ? Si vous voulez ou devez l'emmener avec vous, pensez à l'équiper d'un gilet de sauvetage pour chien. Même si les chiens savent naturellement nager, votre chien peut être sauvé grâce à ce gilet si un accident survient.

Par temps calme et si votre chien est un habitué, laissez-le nager, mais pensez à le faire boire avant – l'ingestion d'eau salée provoque divers troubles digestifs – et à le rincer, l'eau salée n'étant pas idéale.

S'entendre comme chiens et chats !

La cohabitation entre un chien et un chat est souvent considérée comme difficile, voire impossible ; heureusement, il n'en est rien et nous allons vous donner une technique qui vous permettra plus ou moins rapidement de faire vivre ensemble vos deux compagnons.

Pour une première rencontre, le port de la laisse est recommandé pour les deux animaux.

L'habituation

Vous allez jouer sur l'habituation : à force de se côtoyer, à défaut de s'aimer, chien et chat finissent par se supporter, et c'est bien là le minimum qu'on leur demande.

Cet exercice nécessite deux personnes, une pour le chien, l'autre pour le chat. Les deux animaux doivent être tenus en laisse.

1. Asseyez-vous chacun aux deux extrémités de la pièce et patientez avec l'animal en laisse pendant un temps variable, fonction de votre humeur et de votre planning : 5 minutes sont toujours mieux que rien et parfois 2 heures, c'est parfait. Rassurez-vous : rien ne vous empêche en même temps de regarder la télévision, de lire… En effet, vous devez juste attendre que vos deux

Bel exemple d'une cohabitation réussie.

animaux se détendent, que votre chat puisse bouger sans que votre chien ne bondisse et qu'il puisse en faire autant sans que le chat ne se hérisse de colère et feule.

2. Lorsque vous estimez que la séance a suffisamment duré, il faut impérativement préparer la sortie de votre chat. Celui-ci doit quitter la pièce en marchant et non pas en courant, ce qui risquerait d'exciter votre chien et remettrait en cause toute la séance. Après plusieurs semaines de travail, laisser partir le chat en courant peut permettre de tester votre chien, mais faites attention à ne pas sauter les étapes.

3. Une fois ce premier résultat acquis, rapprochez les sièges et recommencez.

4. Puis approchez de plus en plus les sièges. Après plusieurs séances, vous vous retrouvez assis assez près l'un de l'autre, sur le même canapé. Chien et chat sont donc pratiquement côte à côte. C'est presque gagné.

Durant toute cette période, prenez soin de ne pas laisser vos deux animaux seuls dans votre logement en votre absence. Et vous ne le ferez pas tant que vous ne les aurez pas vus jouer, manger ou bien encore dormir ensemble.

Le repas

Le chien apprécie la nourriture du chat, car elle est souvent plus riche que la sienne. Pour éviter que votre chien ne vienne manger dans la gamelle de votre petit félin, placez l'écuelle de ce dernier en hauteur, hors d'atteinte du chien.

Le chat aime le changement et aller dérober des croquettes dans la gamelle du chien l'amuse. Dans ce cas, empêchez votre chat de venir quand vous nourrissez votre chien.

Le saviez-vous ?

Au plaisir visible que les chiens ont à manger les excréments de chats, on peut facilement imaginer que ce sont pour eux comme des friandises : en règle générale, un excrément dans lequel persistent des nutriments peu ou pas digérés est « appétissant » pour le chien. Rassurez-vous : même si l'ingestion est quasi quotidienne, son organisme lui permet de digérer cela sans problème. Si cela vous dérange, placez la litière dans un endroit inaccessible à votre chien.

Le chien «roi»

Pour des raisons très diverses (tempérament du chien, caractère des propriétaires, conditions de vie…), il arrive que des chiens, et pas seulement des gros gabarits, deviennent des chiens «rois». Derrière cette expression se cache une réalité très fréquente qui conduit à des problèmes dans la relation entre le maître et le chien.

Reconnaître un chien «roi»

Un chien « roi » est, par exemple, un chien qui écarte sa maîtresse de la cuisinière et se saisit du steak en train de cuire dans la poêle, qui monte sur les genoux de sa maîtresse et prend le morceau de viande dans l'assiette, qui empêche son maître de venir se coucher près de sa maîtresse… Ce ne sont que quelques exemples parmi tant d'autres, qui illustrent des situations où le chien a « pris le pouvoir » et mène son monde à la baguette.

L'importance des règles de vie

Il n'existe pas à proprement parler de système hiérarchique entre l'espèce humaine et canine. Bien souvent, certains maîtres, sous couvert de liberté, n'établissent pas de règles de vie alors que le chien s'accommode fort bien de règles. Résultat : certains chiens sont presque obligés d'agir ainsi tant leur propriétaire est démissionnaire ou laxiste envers eux. Et un chien qui décide de tout finit par avoir une attitude tyrannique. Mais si le chien n'a pas à la base un fort tempérament, être « en charge des affaires » ne lui convient pas forcément. Cela explique pourquoi certains chiens changent aussi facilement de comportement lorsque les maîtres souhaitent reprendre la main. En fait, des règles de vie et des limites donnent un cadre au chien.

Quoi qu'il en soit, le chien ne peut pas décider de tout, il y a donc certaines situations où l'ambiguïté liée à la prise de décision posera des problèmes. N'ayant pas d'autre moyen d'expression que sa gueule, le chien aboie, voire passe à l'action et met un coup de dents.

Établir des règles de vie

Pour qu'une telle situation ne vous arrive pas, prenez soin de fixer avec les autres membres de la famille quelques règles et expliquez-les à votre chien : en effet, s'il ne les connaît pas, il ne peut pas les comprendre et encore moins les respecter. Une fois que votre chien connaît les règles établies, il ne vous reste plus qu'à les lui faire respecter. Mais pour diverses raisons, votre

Le canapé et le lit ne sont autorisés qu'à certaines conditions, dont une obéissance au doigt et à l'œil.

chien ne répondra pas forcément à votre demande. Avant de le punir, essayez de comprendre pourquoi il n'a pas obtempéré : avait-il vraiment compris l'ordre ? L'avez-vous donné clairement ? N'y a-t-il pas eu des « perturbations » (bruits, odeurs, mouvements...) qui ont détérioré votre message ? Était-il en mesure d'y répondre ? Dans tous les cas, il peut être bon de lui remontrer plusieurs fois de suite la bonne réponse avant de le sanctionner. L'essentiel est d'obtenir l'exécution de votre commandement.

Y a-t-il de bonnes et de mauvaises règles ? Cela dépend de chacun et de votre façon de vivre. S'il y a des limites, elles se trouvent sans doute dans le respect des besoins fondamentaux de nos compagnons. Si vous décidez de faire vivre un chien nordique dehors, il est certain qu'il peut le supporter physiquement. Mais appréciera-t-il d'être « loin » de son maître ? Tout dépend de son caractère et du temps que vous lui consacrez par ailleurs. Avant de juger d'une situation, il est bon d'en connaître les tenants et les aboutissants. Certains maîtres, pensant sincèrement faire du bien à leur chien, exagèrent et nuisent à leur animal : « trop » de nourriture et on obtient des chiens obèses ne pouvant plus se déplacer, « trop » de chiens tenus dans les bras qui perdent petit à petit leur sociabilité. Les vétérinaires profitent souvent des visites annuelles pour mettre en garde les maîtres contre ces dérives nocives, mais il leur est souvent difficile de convaincre ces maîtres pétris de bonnes intentions.

Contrairement à une idée reçue, il n'y a pas que les Terriers qui aiment creuser.

maître qui jardine, enterrer quelque chose, s'enfuir, chasser une bête, tromper son ennui…

Cependant, le chien ne choisit pas l'endroit où il creuse en fonction des mêmes critères que son maître, donc il fait souvent un trou au « mauvais endroit » ! Plutôt que de le punir, proposez-lui une alternative : définissez un espace grâce à quatre morceaux de bois et retournez-y la terre. Cachez un os et un jouet dans cet espace, opération que vous pourrez renouveler régulièrement. Votre chien adorera et explorera méthodiquement ce lieu magique où poussent os et jouets, et ce d'autant plus que partout ailleurs où il creuse, ses efforts sont contrariés par un rebouchage suivi d'un dépôt de crottes fraîches sur le dessus du trou, ce qui a pour effet de le dissuader d'y revenir. Dans la phase d'apprentissage, vous prendrez soin de reboucher les trous quotidiennement, jusqu'à ce que votre chien choisisse définitivement son bac pour faire ses excavations.

Ce comportement assez normal devient gênant quand le chien en profite pour fuguer en creusant sous un grillage (voir pp. 76-78). Pour éviter qu'il ne s'échappe, vous pouvez placer au sol un grillage d'environ 50 à 60 cm de large qui fera comme un retour sur le sol. L'avantage est de pouvoir le fixer aisément au grillage vertical. La végétation va rapidement pousser à travers, le rendant totalement invisible. Rassurez-vous : votre chien n'ira pas jusqu'à creuser une véritable « galerie » pour sortir de votre jardin ! Ce système simple remplace très avantageusement un grillage enterré ou un mini-muret de béton dans le sol. Quelle que soit la solution choisie, dites-vous que « tout » est préférable à un chien errant. Dernier avantage d'un jardin bien clos, il empêche par la même occasion les autres chiens d'entrer !

L'adoption d'un chien adulte

Les avantages de l'adulte par rapport à un chiot

Il est vrai qu'un chiot est craquant et qu'un chien adulte a un passé, mais, contrairement à ce que l'on pourrait croire, adopter un chien adulte n'est finalement pas un mauvais choix.

• La propreté

Ce critère est très important pour les propriétaires. Sachez qu'un chiot, à l'instar d'un bébé, a plus de difficultés à devenir propre qu'à le rester. En effet, une fois que le chiot est devenu propre, il le reste toute sa vie, sauf en cas d'impossibilité matérielle ou physique.

L'acquisition de la propreté consiste pour le chien à ne plus faire ses besoins aux endroits où il dort et mange, ni dans la maison et parfois même ni dans le jardin.

Un chien adulte qui était propre avant son séjour en refuge redeviendra propre très rapidement, souvent en quelques jours. Si la situation est un peu plus compliquée, soyez attentif à ses besoins et ses demandes dès son arrivée chez vous et suivez nos conseils en pages 74 et 75 : il n'est pas si difficile de réapprendre à un chien à redevenir propre, et ce quels que soient son âge et la durée de son séjour (éventuel) dans un chenil.

En revanche, un chiot est très rarement propre avant ses 4 mois, car il ne peut tout simplement pas contrôler ses sphincters avant cet âge. La plupart des chiots mettent au moins 2 mois de plus avant d'être propres jour et nuit. Ainsi, si vous adoptez un chiot âgé de 2 mois comme la loi vous l'autorise, vous passerez au moins 4 mois à devoir nettoyer ses dégâts.

• Les destructions

Indispensable à son développement personnel, le chiot explore son environnement dès qu'il atteint l'âge de 1 an. N'ayant pas de mains pour saisir et lancer au loin, le chiot prend en gueule pour juger de la matière et de la résistance de ce qu'il trouve autour de lui : objets (chaussures, livres, jouets, téléphones portables, télécommandes...), éléments de décoration (fils électriques, tapis, moquette, rideaux...) meubles, gros œuvre (plinthes, entourages de portes, porte, mur...), extérieur (plantes, tuyaux d'arrosage...), voitures (levier de vitesse, siège, ceintures de sécurité, pneu, carrosserie...).

Si votre choix s'est porté sur le bon numéro, vous n'aurez pas ce type de problème avec un chien adulte. Et si le problème se présente, vous trouverez en pages 79 à 81 des solutions efficaces et rapides pour que tout rentre dans l'ordre.

• L'éducation

Un chiot n'a pas de mauvaises habitudes, mais il n'est pas concentré et se fatigue très vite lors de l'apprentissage. Au contraire, un adulte ayant pourtant déjà un vécu est plus endurant mais surtout plus attentif. Et on sait l'importance de l'écoute pour une bonne communication entre le maître et le chien (voir p. 108).

Et contrairement à ce qui se dit, un chien ne cesse jamais d'apprendre, même passé l'âge de 2 ou 3 mois. En revanche, l'envie d'apprendre varie beaucoup d'un animal à un autre : certains chiens sont curieux et toujours en demande d'activité quand d'autres sont calmes ou timides, c'est ce qui fait la richesse des races et des individualités.

• La sécurité des enfants

Il est quasiment impossible de savoir à l'avance comment un chiot se comportera une fois adulte compte tenu de la multitude des facteurs entrant en jeu. Et l'éducation n'est pas à elle seule une garantie.

Et le chien adulte ? Si vous effectuez un choix raisonnable et que la personne du refuge est consciencieuse, vous aurez moins de risques d'avoir de mauvaises surprises. En effet, même si les tests effectués ne peuvent pas vous garantir que votre chien ne changera pas avec le temps, ils ont au moins l'avantage d'être pratiqués sur un individu adulte dont le caractère est déjà forgé et qui se présente à vous tel qu'il est. Un « placeur » ou bien un éducateur canin professionnel peuvent vous aider à tester le chien que vous pensez choisir.

Les lieux d'adoption

Vous n'aurez que l'embarras du choix : cette situation est préférable, car cette décision est primordiale et vous engage pour plusieurs années. Aujourd'hui quatre pistes de recherches s'offrent à vous.

• Les associations de protection animale

Ces associations sont très nombreuses : certaines disposent de refuges, d'autres travaillent avec des familles d'accueil en attendant de trouver le bon adoptant pour l'animal. Chaque solution présente ses avantages et ses inconvénients :

– Le refuge regroupe en un même lieu quelques dizaines à plusieurs centaines d'animaux. La difficulté est parfois tout simplement d'oser franchir leur porte, puis d'être capable de choisir parmi tous les candidats celui que vous allez adopter. Des agents de « chenil » et des « placeurs » sont là pour vous aider à faire le bon choix.

– Les associations travaillant avec des familles d'accueil vous proposeront un choix beaucoup plus restreint mais en même temps plus personnalisé. Bien souvent elles ont des sites Internet sur lesquels vous pouvez voir des photos des chiens adoptables ainsi que des descriptions de leur caractère. C'est la grande force de cette formule, elles connaissent très bien leurs chiens et le comportement de ceux-ci dans une vraie structure familiale : le chien sait-il rester seul ? comment réagit-il avec les enfants, à la venue d'invités ?... Ce type de renseignements est toujours donné « au conditionnel » par les refuges traditionnels soit par rapport aux observations faites sur l'animal en boxe, soit par rapport aux dires des anciens propriétaires. Inconvénient de ce type d'hébergement : le chien peut être loin de chez vous, mais, rassurez-vous, de nombreux bénévoles ne comptent ni leur temps ni leurs kilomètres pour vous les rapprocher le cas échéant.

• Les sites Internet

Refuges, associations de famille d'accueil, clubs de ra-

Quelques adresses

– Site de la SPA : www.spa.asso.fr

– Site de la Fondation Assistance aux Animaux : www.ferme-pedagogique.com/FAAA/

– Site de la fondation Bardot : www.fondationbrigittebardot.fr/

– Site de Cani-Seniors : www.cani-seniors.org

– Site de Seconde Chance : www.secondechance.org

ces, rassemblements de bonne volonté, voire simples particuliers passent par Internet pour trouver une nouvelle famille. Le choix est presque sans limite et le degré de confiance que l'on peut raisonnablement attribuer à ces annonces également. Il est préférable d'aller sur des sites officiels, tels que ceux de la SPA, de l'Assistance aux Animaux, de la Fondation Bardot, de SOS Animaux…

Il existe des sites qui regroupent en un même lieu virtuel la quasi-totalité des offres en la matière.

Les clubs de races

Depuis une dizaine d'années, les clubs de races proposent des services de « secours » et autres « reclassements » aux chiens retournés par leur propriétaire d'origine.

L'avantage de ces « services » est de vous proposer de splendides chiens de race à un moindre coût. Récupérer un ex-champion pour peu d'argent semble une bonne affaire et une bonne action. En effet, toute médaille ayant son revers, le chien que vous adopterez par ce biais a souvent eu une vie de chien d'élevage où le chenil était plus fréquent que le salon de l'éleveur. Un chien ayant toujours vécu en chenil peut demander un temps d'adaptation à une vie familiale, à la différence d'un chien de refuge qui a presque toujours déjà vécu dans un environnement similaire au vôtre avant d'être abandonné. Ce chien n'aura donc besoin que d'un temps de réadaptation.

Les particuliers

Les annonces des particuliers abondent sur Internet, dans les journaux gratuits et les salles d'attente des cabinets vétérinaires ou des toiletteurs. Cette solution permet d'avoir un vaste choix : chiot, chien adolescent, chien adulte, chien senior, chien de race, chien croisé…

Le particulier peut être une sorte d'éleveur amateur, féru de génétique et de sélection, proposant de très bons chiens à un petit prix. C'est plus souvent le propriétaire d'une chienne dont il n'avait

Le Service Acquisition (SA) de Pile Poil

La société Pile Poil, créée par Antonio Ruiz, a de multiples activités : cours d'éducation, rendez-vous de comportement…

Son Service Acquisition se divise en deux étapes :

– La première, appelée « sélection », prend en compte les conditions de vie de la famille (pavillon ou appartement, nombre d'enfants, durée des absences), mais aussi les desideratas des futurs maîtres : un grand chien, à poil long, bon gardien et sportif… Puis les futurs propriétaires examinent avec le professionnel une centaine de fiches répertoriant les principales races de chiens et en sélectionnent quelques-unes. Une fois ce choix fait, le professionnel compare chacune des fiches retenues avec la fiche type établie avec la famille et met l'accent sur les points correspondant à leur requête mais aussi et surtout les points de divergence ou plutôt négatifs (chien ayant tendance à fuguer, chien à fort caractère, chien qui bave facilement…). En toute connaissance de cause, les membres de la famille gardent ou non la fiche de la race examinée. Il ne reste au professionnel qu'à établir un tableau avec les races retenues. Il sera possible de prendre ensuite un mâle ou une femelle, jusqu'à un certain âge et, surtout, le professionnel indique s'il est plus facile de le trouver en refuge, en club de race ou via une association d'amateurs.

– La seconde partie d'une adoption encadrée par un service acquisition consiste à accompagner les futurs maîtres soit en refuge, soit dans un élevage afin de les aider sur place à faire le bon choix. Un œil exercé remarque plus facilement certains détails quant à la tenue des lieux ou l'état des autres animaux présents et il sait poser les questions utiles ou demander des éclaircissements en cas d'explication douteuse sur la santé, le comportement ou simplement les documents qui doivent être fournis avec le chien. En faisant appel à un professionnel, le maître s'assure d'avoir fait le meilleur choix en toute connaissance de cause et de ne pas avoir été trompé ou mal conseillé.

Site Internet : www.pilepoil.fr

pas remarqué les chaleurs et dont la mise bas lui a laissé au passage plusieurs chiots sur les bras. Vous trouverez aussi de braves gens touchés par le sort et devant vraiment se séparer de leur chien à leur plus grand désespoir...

Ici point de conseils professionnels, point de garantie légale ou de possibilité de reprise, vous pouvez trouver le chien d'une vie de bonheur ou de galère. Cela dit, beaucoup de gens trouvent leur compagnon ainsi et en sont très heureux.

Pour faire le bon choix

Des professionnels (éducateurs canins, vétérinaires...) proposent sous différentes dénominations des services ayant pour but d'aider un particulier à choisir son futur chien. Ce choix ne doit en aucun cas refléter les préférences du professionnel mais être une information la plus précise possible, basée sur des critères objectifs.

Certains professionnels ne veulent pas rendre ce genre de service, le plus souvent parce qu'ils ne pensent pas qu'il soit possible de choisir un chien sur « critères ». Rappelons que cette démarche s'effectue au sujet d'un animal vivant (ayant développé un certain caractère qui continue d'évoluer toute sa vie) et qu'elle ne sera jamais « parfaite ». Cette méthode vise à éviter les plus graves erreurs et à ce que les futurs propriétaires s'engagent avec un maximum d'informations justes. D'autres refusent de le faire de peur, sans doute, qu'on leur reproche que le chien sélectionné ne corresponde pas aux critères annoncés. Là encore, la notion d'être vivant avec son histoire personnelle fixe les limites du possible dans le conseil.

Pour casser quelques idées reçues

• En prenant un chiot, je pourrai l'éduquer à ma façon...

L'éducation d'un chiot n'est pas plus facile ni plus difficile que celle d'un chien adulte : elle est différente.

Un chiot n'a certes que peu de mauvaises habitudes, mais il est, et ce quelle que soit sa race, en permanence à la recherche d'une « bêtise » à faire ou en tout cas d'une nouvelle chose à découvrir. Or il est difficile de découvrir le monde tout en étant attentif aux demandes de son maître. Par ailleurs, il ne peut pas se concentrer longtemps et se fatigue très vite lors de l'apprentissage. Même si on privilégie plutôt de courtes séances d'éducation, ce comportement ne favorise pas les apprentissages.

Au contraire, un adulte est plus endurant et a moins besoin de périodes de repos que le chiot. Mais il est surtout plus attentif, qualité indispensable pour arriver à éduquer un chien mais aussi la plus difficile à obtenir d'un animal : un adulte peut avoir des années de mauvaises habitudes derrière lui et avoir conservé des capacités d'adaptation intactes. Prenons un exemple : votre chien monte depuis au moins 5 ans sur le canapé sans que cela ne pose de problème, mais un changement de comportement vous a récemment conduit à vouloir lui interdire l'accès à ce « privilège ». Si vous mettez en place l'interdit et le faites respecter, la plupart des chiens accepteront les nouvelles règles en moins d'une semaine. Et même si votre chien a besoin de deux semaines pour « changer », on peut encore qualifier ce changement de rapide.

Le saviez-vous ?

L'adaptation peut être vue comme un des mécanismes de survie ; or il n'existe pas de mécanisme plus fort que celui ayant trait à la survie d'un individu (homme, chien ou autre...). Le chien est donc contraint de s'adapter au risque de disparaître en cas d'échec. Heureusement pour lui, sa longue pratique du genre humain lui donne quelques clés pour y parvenir. D'un autre côté, l'homme moderne lui complique chaque jour un peu plus la tâche en lui demandant des aptitudes bien éloignées des siennes à l'origine (chasse, garde, travail...).

Le saviez-vous ?

L'espérace de vie du chien varie en fonction de la taille :
- Petits chiens (Caniche, Cavalier King Charles, Bichon…) : 15 ans et plus.
- Chiens de taille moyenne (Épagneul, Labrit, Springer…) : entre 12 et 15 ans.
- Chiens de grande taille (Berger allemand, Dalmatien, Schnauzer…) : entre 10 à 12 ans.
- Chiens géants (Leonberg, Saint-Bernard, Mastiff…) : environ 10 ans.

Bien sûr, chacun connaît autour de soi des exceptions (Leonberg ayant vécu jusqu'à l'âge de 14 ans ou Fox Terrier décédé à 5 ans), mais les grandes tendances restent celles indiquées ici. Sachez également que la qualité de vie que vous offrez à votre chien (soin, qualité de la nourriture…) est un facteur qui contribue dans un sens ou dans un autre à sa longévité. Les moyennes présentées ont tendance, comme chez l'être humain, à augmenter : on voit de plus en plus de petits chiens atteindre les 20 ans ou des molosses dépasser la douzaine d'années.

• On ne connaît pas son passé… il a peut-être été maltraité ?

La maltraitance existe effectivement ; elle est même, lorsqu'on est professionnel du chien, « omniprésente » sous différentes formes : coups, sévices, privation de nourriture et de liberté, simple désintérêt pour le chien.

De nombreux professionnels et bénévoles luttent contre la maltraitance et les actes de cruauté. Les chiens qui sont proposés à l'adoption ne sont pas traumatisés et n'ont pas de lourd passé : ils ont eu la malchance de rencontrer des maîtres trop gentils ou trop durs mais, heureusement, rarement trop cruels.

Si tel était le cas, c'est que le chien en question aurait eu suffisamment de ressources pour s'en sortir et être redevenu « adoptable ». Un certain nombre d'entre eux pourraient être proposés à des familles « capables de les prendre en charge » et en toute connaissance de cause.

Cette idée qui a la vie dure est donc parfaitement infondée et ne tient pas compte, pour les chiens maltraités, de leur formidable capacité d'adaptation, sans parler de leur absence totale de rancune ou de vengeance.

Les causes les plus fréquentes d'abandon sont la « démission » des maîtres face à un chien adolescent qui leur désobéit depuis plusieurs mois. Les propriétaires craquent au moment où le chien va commencer à se calmer. Dans la plupart des cas, ce sont des raisons humaines (divorce, déménagement, allergie d'un membre de la famille…) et beaucoup d'autres raisons encore moins valables qui expliquent l'entrée au refuge des chiens, donc des motifs purement humains loin devant d'éventuels troubles de comportement des chiens.

• En prenant un adulte on le gardera moins longtemps

Il est évident que l'espérance de vie est plus importante pour un jeune que pour un vieux chien, toutes espèces confondues. Je peux bien sûr vous citer les nombreux cas où un vieux chien a vécu encore pendant de longues années et ceux de tous ces chiots ou jeunes adultes qui meurent prématurément. Mais rien n'y fera, les statistiques seront toujours contre moi. Sans revenir sur les avantages que peut offrir un chien adulte (propreté, sécurité, calme…), un chien adulte mérite de vivre une vie normale. Est-ce la quantité (un ou deux ans de plus) ou la qualité du bonheur et une certaine forme de reconnaissance qui compte le plus ? Pourquoi ne pas accueillir deux chiens dont un senior ?

Et pourquoi pas un senior ?

Vous avez adopté un chien adulte et l'expérience a été concluante ? La prochaine fois ou en même temps, songez qu'un nombre de plus en plus important d'associations proposent des chiens seniors. On vous propose soit d'adopter un chien âgé, soit de faire office de famille d'accueil en attendant qu'une famille d'adoptants se présente. Ces familles représentent une solution alternative moins onéreuse et plus souple qu'un refuge pour des chiens dont la seule autre issue aurait été l'euthanasie.

Site Internet : www.cani-seniors.org

À savoir

L'éducateur canin professionnel

Si vous avez un doute, une question, si votre chien vous pose un souci ou si vous anticipez et souhaitez avoir toutes les clés en main pour ne pas avoir de problèmes, n'hésitez pas à faire appel à un éducateur canin.

Cette profession est en pleine évolution :

– Il y a environ une dizaine d'années, les méthodes positives ont commencé à se répandre sur notre territoire après avoir conquis les pays du Nord de l'Europe et la quasi-totalité des pays anglo-saxons. Plus respectueuses du bien-être du chien, elles offrent aussi l'opportunité à des maîtres n'ayant pas la force physique ou le tempérament pour s'imposer en force d'obtenir malgré tout des résultats et de construire une relation de complicité avec leur chien.

– Un métier reconnu par un diplôme d'état : le Brevet Professionnel Éducateur Canin. Depuis 2006, un diplôme d'état vient récompenser ceux qui ont suivi avec succès une formation de 1 ou 2 ans portant sur le chien : morphologie, développement, comportement, approche, apprentissage, disciplines canines..., et sur les autres sujets que doit maîtriser un futur « entrepreneur » : gestion, comptabilité, techniques commerciales... Une dizaine d'établissements répartis sur tout le territoire proposent cette formation.

– Pour être mieux représentés et défendus, les éducateurs peuvent rejoindre les rangs de différents syndicats dont un n'est ouvert qu'aux éducateurs professionnels : le SECP (Syndicat des Éducateurs Canins Professionnels). Site Internet : www.secp.biz

– Le MFEC (Mouvement professionnel francophone des éducateurs de chiens de compagnie) : créée par Catherine Collignon, la spécialiste du clicker-training (méthode basée sur le renforcement positif), cette association promeut notamment les méthodes positives. Basée sur un large réseau d'adhérents, un site Internet (www.mfec.fr) et l'organisation annuelle d'un congrès faisant appel à de nombreuses disciplines (éthologie, médecine vétérinaire, comportement) et à des spécialistes de l'éducation canine, elle permet à des milliers de chiens d'être éduqués ou rééduqués dans le respect de leur intégrité physique ou psychique.

Nous espérons qu'après avoir lu cet ouvrage vous avez trouvé des réponses à vos questions ou aux problèmes que vous pose votre compagnon, sachant que sa lecture ne vous dispense en aucun cas de contacter un professionnel qui, par son intervention directe, sera plus à même de vous aider. Chaque chien est différent et, malgré les apparences, on ne doit pas généraliser une solution mais bel et bien l'adapter à chaque cas.

Pour aller plus loin

Une fois que vous aurez résolu les problèmes avec votre chien et/ou mis en place une obéissance de base, vous pourrez aller plus loin si vous le souhaitez :

– Vous pouvez pratiquer avec votre chien une discipline canine, adaptée à vos capacités (les vôtres et les siennes) : obéissance rythmée (qui se pratique à tout âge pour le maître et le chien), agility (pour les sportifs ayant besoin de se dépenser), attelage pour les grands chiens... Site Internet : www.cnea.fr

– Occupez-le en vous lançant des défis (le jeu *Pile Poil, le défi* en contient 369 à tenter en famille ou entre amis dans son salon). Site Internet : www.pilepoil.fr/Le-Defi.htm

– Vous pouvez participer à des journées de jeux, comme les K9-Games, où l'esprit de compétition fait place au rire et à la bonne humeur.

Index

Crédits photographiques

Agence Biosphoto
Michel Gunther : pp. 6-7, 38, 70-71, 76 ; **Cédric Girard :** p. 9 ; **J.-L. Klein et M.-L. Hubert :** pp. 13, 16, 18-19, 32, 35, 63, 64, 72 ; **Antoine Boureau :** p. 14 ; **Stefanie Krause-Wiec/Imagebroker :** p. 21 ; **Mark Raycroft/Minden Pictures :** p. 23 ; **Sébastien Herent :** pp. 26, 78, 88, 89, 94, 101, 104 ; **Juniors :** pp. 80, 96, 98 ; **Lilo/Green Eye :** p. 91 ; **Daniel Heuclin :** p. 99.

Rustica
Christian Hochet : p. 106.

Photo 1re de couverture : Juniors Bildarchiv/Sunset.

Photos du logo (1re de couverture, dos et 4e de couverture) : Français/Cogis (hg, hd, bg), Gauzargues/Cogis (bd).

Photo du rabat : Antonio Ruiz.

Illustrations
Valérie Coeugniet.

Création graphique : Sarbacane Design.

Mise en pages : Véronique Sommeilly/S Puissance 3.

Suivi éditorial : Frédérique Chavance.

Fabrication : Florence Bellot.

Photogravure : Le Chêne d'Or.

N° d'éditeur : 49529
F11003
Achevé d'imprimer en janvier 2011 par Dedalo Offset (Espagne).